PRÉFACE

La collection de guides de conversation "Tout ira bien!", publié par T&P Books, est conçue pour les gens qui voyagent par affaire ou par plaisir. Les guides de conversations contiennent le plus important - l'essentiel pour la communication de base. Il s'agit d'une série indispensable de phrases pour survivre à l'étranger.

Ce guide de conversation vous aidera dans la plupart des cas où vous devez demander quelque chose, trouver une direction, découvrir le prix d'un souvenir, etc. Il peut aussi résoudre des situations de communication difficile lorsque la gesticulation n'aide pas.

Ce livre contient beaucoup de phrases qui ont été groupées par thèmes. Vous trouverez aussi un petit dictionnaire de plus de 1500 mots importants et utiles.

Emmenez avec vous un guide de conversation "Tout ira bien!" sur la route et vous aurez un compagnon de voyage irremplaçable qui vous aidera à vous sortir de toutes les situations et vous enseignera à ne pas avoir peur de parler aux étrangers.

TABLE DES MATIÈRES

T&P Books Publishing

PRONONCIATION

Alphabet phonétique T&P	Exemple en persan	Exemple en français
['] (ayn)	دعوا [da'vā]	consonne fricative pharyngale voisée
['] (hamza)	تایید [ta'id]	coup de glotte
[a]	رود [ravad]	classe
[ā]	آتش [ātaš]	camarade
[b]	بانک [bānk]	bureau
[č]	چند [čand]	match
[d]	هشتاد [haštād]	document
[e]	عشق [ešq]	équipe
[f]	فندک [fandak]	formule
[g]	لوگو [logo]	gris
[h]	گیاه [giyāh]	[h] aspiré
[i]	جزیره [jazire]	stylo
[j]	جشن [jašn]	adjoint
[k]	کاج [kāj]	bocal
[l]	لیمو [limu]	vélo
[m]	ماجرا [mājarā]	minéral
[n]	نروژ [norvež]	ananas
[o]	گلف [golf]	normal
[p]	اپرا [operā]	panama
[q]	لاغر [lāqar]	g espagnol - amigo, magnífico
[r]	رقم [raqam]	racine, rouge
[s]	سوپ [sup]	syndicat
[š]	دوش [duš]	chariot
[t]	ترجمه [tarjome]	tennis
[u]	نیرو [niru]	boulevard
[v]	ورشو [varšow]	rivière
[w]	روشن [rowšan]	iguane
[x]	کاخ [kāx]	scots - nicht, allemand - Dach
[y]	بیابان [biyābān]	maillot
[z]	زنجیر [zanjir]	gazeuse
[ž]	ژوئن [žuan]	jeunesse

LISTE DES ABRÉVIATIONS

Abréviations en français

adj	-	adjective
adv	-	adverbe
anim.	-	animé
conj	-	conjonction
dénombr.	-	dénombrable
etc.	-	et cetera
f	-	nom féminin
f pl	-	féminin pluriel
fam.	-	familiar
fem.	-	féminin
form.	-	formal
inanim.	-	inanimé
indénombr.	-	indénombrable
m	-	nom masculin
m pl	-	masculin pluriel
m, f	-	masculin, féminin
masc.	-	masculin
math	-	mathematics
mil.	-	militaire
pl	-	pluriel
prep	-	préposition
pron	-	pronom
qch	-	quelque chose
qn	-	quelqu'un
sing.	-	singulier
v aux	-	verbe auxiliaire
v imp	-	verbe impersonnel
vi	-	verbe intransitif
vi, vt	-	verbe intransitif, transitif
vp	-	verbe pronominal
vt	-	verbe transitif

T&P BOOKS

GUIDE DE CONVERSATION PERSAN

Cette section contient
des phrases importantes
qui peuvent être utiles dans
des situations courantes.
Le guide vous aidera
à demander des directions,
clarifier le prix, acheter
des billets et commander
des plats au restaurant

T&P Books Publishing

CONTENU DU GUIDE DE CONVERSATION

Excusez-moi, ...

bebaxšid, ...

ببخشید،...

Bonjour

salām

سلام.

Merci

mamnun

ممنون

Au revoir

xodāhāfez

خداحافظ.

Oui

bale

بله

Non

xeyr

خیر

Je ne sais pas.

nemidānam

نمی دانم.

Où? | Où? | Quand?

kojā? | kojā? | key?

کی؟ | کجا؟ | کجا؟

J'ai besoin de ...

be ... ehtiyāj dāram

به...احتیاج دارم

Je veux ...

mixāham ...

...می خواهم

Avez-vous ... ?

āyā ... dārid?

آیا...دارید؟

Est-ce qu'il y a ... ici?

āyā injā ... hast?

آیا اینجا ...هست؟

Puis-je ... ?

mitavānam ...?

می توانم...؟

s'il vous plaît (pour une demande)

lotfan

لطفاً

Je cherche ...

donbāl-e ... migardam

دنبال...می گردم.

les toilettes

tuālet

توالت

un distributeur

xodpardāz

خودپرداز

une pharmacie

dāruxāne

داروخانه

l'hôpital

bimārestān

بیمارستان

le commissariat de police

edāre-ye polis

اداره پلیس

une station de métro

istgāh-e metro

ایستگاه مترو

un taxi	tāksi
	تاکسی
la gare	istgāh-e qatār
	ایستگاه قطار

Je m'appelle ...	esm-e man ... ast
	اسم من...است.
Comment vous appelez-vous?	esm-e šomā čist?
	اسم شما چیست؟
Aidez-moi, s'il vous plaît.	lotfan mitavānid komakam konid?
	لطفاً می توانید کمکم کنید؟
J'ai un problème.	yek moškel dāram
	یک مشکل دارم.
Je ne me sens pas bien.	hālam xub nist
	حالم خوب نیست.
Appelez une ambulance!	āmbulāns xabar konid!
	!آمبولانس خبر کنید
Puis-je faire un appel?	mitavānam yek telefon bezanam?
	می توانم یک تلفن بزنم؟

Excusez-moi.	ma'zerat mixāham
	معذرت می خواهم.
Je vous en prie.	xāheš mikonam
	خواهش می کنم.

je, moi	man
	من
tu, toi	to
	تو
il	u
	او
elle	u
	او
ils	an-hā
	آنها
elles	an-hā
	آنها
nous	mā
	ما
vous	šomā
	شما
Vous	šomā
	شما

ENTRÉE	vorudi
	ورودی
SORTIE	xoruji
	خروجی
HORS SERVICE	EN PANNE	xarāb
	خراب
FERMÉ	baste
	بسته

OUVERT	bāz
	باز
POUR LES FEMMES	zanāne
	زنانه
POUR LES HOMMES	mardāne
	مردانه

Questions

Où? (lieu)	kojā? کجا؟
Où? (direction)	kojā? کجا؟
D'où?	az kojā? از کجا؟
Pourquoi?	čerā? چرا؟
Pour quelle raison?	be če dalil? به چه دلیل؟
Quand?	key? کی؟
Combien de temps?	če modat? چه مدت؟
À quelle heure?	če sāati? چه ساعتی؟
C'est combien?	čand ast? چنداست؟
Avez-vous ... ?	āyā ... dārid? آیا...دارید؟
Où est ..., s'il vous plaît?	... kojāst? ...کجاست؟
Quelle heure est-il?	sāat čand ast? ساعت چند است؟
Puis-je faire un appel?	mitavānam yek telefon bezanam? می توانم یک تلفن بزنم؟
Qui est là?	kiye? کیه؟
Puis-je fumer ici?	mitavānam injā sigār bekešam? می توانم اینجا سیگار بکشم؟
Puis-je ...?	mitavānam ...? می توانم...؟

Besoins

Je voudrais …	mixāham … می خواهم...
Je ne veux pas …	nemixāham … نمی خواهم...
J'ai soif.	tešne hastam تشنه هستم.
Je veux dormir.	mixāham bexābam می خواهم بخوابم.

Je veux …	mixāham … می خواهم...
me laver	xod rā bešuyam خود را بشویم
brosser mes dents	dandānhāyam rā mesvāk bezanam دندان هایم را مسواک بزنم
me reposer un instant	kami esterāhat konam کمی استراحت کنم
changer de vêtements	lebashāyam rā avaz konam لباسهایم را عوض کنم

retourner à l'hôtel	be hotel bargaštan به هتل برگشتن
acheter …	… xaridan ...خریدن
aller à …	be … raftan به...رفتن
visiter …	az … bāzdid kardan از...بازدید کردن
rencontrer …	bā … molāqāt kardan با...ملاقات کردن
faire un appel	telefon zadan تلفن زدن

Je suis fatigué /fatiguée/	xaste-am خسته ام.
Nous sommes fatigués /fatiguées/	xaste-im خسته ایم.
J'ai froid.	sardam ast سردم است.
J'ai chaud.	garmam ast گرمم است.
Je suis bien.	xub hastam خوب هستم.

Il me faut faire un appel.

niyāz dāram telefon bezanam

نیازدارم تلفن بزنم.

J'ai besoin d'aller aux toilettes.

bayad be tuālet beravam

باید به توالت بروم.

Il faut que j'aille.

bāyad beravam

باید بروم.

Je dois partir maintenant.

bāyad alān beravam

باید الان بروم.

Comment demander la direction

Excusez-moi, ...

bebaxšid, ...

ببخشید،...،

Où est ..., s'il vous plaît?

... kojāst?

...کجاست؟

Dans quelle direction est ... ?

... az kodām taraf ast?

...از کدام طرف است؟

Pouvez-vous m'aider, s'il vous plaît ?

mitavānid lotfan komakam konid?

می توانید لطفاً کمکم کنید؟

Je cherche ...

donbāl-e ... migardam

دنبال...می گردم

La sortie, s'il vous plaît?

donbāl-e xoruji migardam

دنبال خروجی می گردم.

Je vais à ...

be ... miravam

به...می ردم

C'est la bonne direction pour ...?

in rāh barāye raftan be ... dorost ast?

این راه برای رفتن به...درست است؟

C'est loin?

dur ast?

دور است؟

Est-ce que je peux y aller à pied?

mitavānam piyāde beravam?

می توانم پیاده بروم؟

Pouvez-vous me le montrer sur la carte?

mitavānid ruye naqše nešānam bedahid?

می توانید روی نقشه نشانم بدهید؟

Montrez-moi où sommes-nous,
s'il vous plaît.

lotfan be man nešān bedahid
alān kojā hastim

لطفاً به من نشان بدهید الان کجا هستیم.

Ici

injā

اینجا

Là-bas

ānjā

آنجا

Par ici

az in rāh

از این راه

Tournez à droite.

dast-e rast bepičid

دست راست بپیچید.

Tournez à gauche.

dast-e čap bepičid

دست چپ بپیچید.

Prenez la première
(deuxième, troisième) rue.

be avvalin (dovvomin, sevvomin)
xiyābān bepičid.

به اولین(دومین، سومین)خیابان بپیچید.

à droite	dast-e rāst
	دست راست
à gauche	dast-e čap
	دست چپ
Continuez tout droit.	mostaqim beravid
	مستقیم بروید.

Affiches, Pancartes

BIENVENUE!	xoš āmadid
	خوش آمدید
ENTRÉE	vorudi
	ورودی
SORTIE	xoruji
	خروجی
POUSSEZ	fešār bedahid
	فشار بدهید
TIREZ	bekešid
	بکشید
OUVERT	bāz
	باز
FERMÉ	baste
	بسته
POUR LES FEMMES	zanāne
	زنانه
POUR LES HOMMES	mardāne
	مردانه
MESSIEURS (m)	āqāyān
	آقایان
FEMMES (f)	xānomha
	خانمها
RABAIS	SOLDES	taxfif
	تخفیف
PROMOTION	harāj
	حراج
GRATUIT	rāygān
	رایگان
NOUVEAU!	jadid
	جدید
ATTENTION!	movāzeb bāšid
	مواظب باشید
COMPLET	zarfiyat takmil
	ظرفیت تکمیل
RÉSERVÉ	rezerv šode
	رزرو شده
ADMINISTRATION	edāre
	اداره
PERSONNEL SEULEMENT	moxtas-e kārkonān
	مختص کارکنان

ATTENTION AU CHIEN!	movāzeb-e sag bāšid
	مواظب سگ باشید
NE PAS FUMER!	sigār nakešid
	سیگار نکشید
NE PAS TOUCHER!	dast nazanid
	دست نزنید
DANGEREUX	xatarnāk
	خطرناک
DANGER	xatar
	خطر
HAUTE TENSION	voltāj-e bālā
	ولتاژ بالا
BAIGNADE INTERDITE!	šenā mamnuʿ
	شنا ممنوع

HORS SERVICE | EN PANNE	xarāb
	خراب
INFLAMMABLE	qābel-e ešteāl
	قابل اشتعال
INTERDIT	mamnuʿ
	ممنوع
ENTRÉE INTERDITE!	vorud mamnuʿ
	ورود ممنوع
PEINTURE FRAÎCHE	rang-e xis
	رنگ خیس

FERMÉ POUR TRAVAUX	barāye taʿmirāt baste ast
	برای تعمیرات بسته است
TRAVAUX EN COURS	dar dast-e taʿmir
	در دست تعمیر
DÉVIATION	masir-e enherāfi
	مسیرانحرافی

Transport - Phrases générales

avion	havāpeymā
	هواپیما
train	qatār
	قطار
bus, autobus	otobus
	اتوبوس
ferry	kašti
	کشتی
taxi	tāksi
	تاکسی
voiture	māšin
	ماشین
horaire	jadval-e sāāt
	جدول ساعات
Où puis-je voir l'horaire?	jadval-e sāāt rā kojā mtavānam bebinam?
	جدول ساعات را کجا می توانم ببینم؟
jours ouvrables	ruzhā-ye bāz
	روزهای باز
jours non ouvrables	ruzhā-ye baste
	روزهای بسته
jours fériés	ruzhā-ye ta'til
	روزهای تعطیل
DÉPART	harekat
	حرکت
ARRIVÉE	vorud
	ورود
RETARDÉE	bā ta'xir
	باتاخیر
ANNULÉE	kansel šode
	کنسل شده
prochain (train, etc.)	ba'di
	بعدی
premier	avvalin
	اولین
dernier	āxarin
	آخرین

À quelle heure est le prochain ...?	... ba'di če sāati ast?
	‏...بعدی چه ساعتی است؟‏
À quelle heure est le premier ...?	avvalin ... če sāati ast?
	‏اولین... چه ساعتی است؟‏
À quelle heure est le dernier ...?	āxarin ... če sāati ast?
	‏آخرین... چه ساعتی است؟‏

correspondance	terānsfer
	‏ترانسفر‏
prendre la correspondance	terānsfer gereftan
	‏ترانسفر گرفتن‏
Dois-je prendre la correspondance?	āyā bāyad terānsfer begiram?
	‏آیا باید ترانسفر بگیرم؟‏

Acheter un billet

Où puis-je acheter des billets?	kojā mitavānam bilit bexaram?
	کجامی توانم بلیط بخرم؟
billet	bilit
	بلیط
acheter un billet	ilit xaridan
	بلیط خریدن
le prix d'un billet	qeymat-e yek bilit
	قیمت یک بلیط

Pour aller où?	barāye kojā?
	برای کجا؟
Quelle destination?	če maqsadi?
	چه مقصدی؟
Je voudrais ...	be ... niyāz dāram
	به...نیازدارم
un billet	yek bilit
	یک بلیط
deux billets	do bilit
	دو بلیط
trois billets	se bilit
	سه بلیط

aller simple	raft
	رفت
aller-retour	rafo-o-bargašt
	رفت و برگشت
première classe	daraje yek
	درجه یک
classe économique	daraje do
	درجه دو

aujourd'hui	emruz
	امروز
demain	fardā
	فردا
après-demain	pas fardā
	پس فردا
dans la matinée	sobh
	صبح
l'après-midi	ba'd az zohr
	بعد از ظهر
dans la soirée	šab
	شب

siège côté couloir

sandali-ye taraf-e rāhro
صندلی طرف راهرو

siège côté fenêtre

sandali-ye taraf-e panjare
صندلی طرف پنجره

C'est combien?

čand ast?
چنداست؟

Puis-je payer avec la carte?

mitavānam bā kārt bepardāzam?
می توانم با کارت بپردازم؟

L'autobus

bus, autobus	otobus اتوبوس
autocar	otobus-e beyn-e šahri اتوبوس بین شهری
arrêt d'autobus	istgāh-e otobus ایستگاه اتوبوس
Où est l'arrêt d'autobus le plus proche?	nazdiktarin istgāh-e otobus kojāst? نزدیکترین ایستگاه اتوبوس کجاست؟
numéro	šomāre شماره (اتوبوس، غیره)
Quel bus dois-je prendre pour aller à ...?	barāye raftan be ... če otobusi rā bāyad begiram? برای رفتن به...چه اتوبوسی را باید بگیرم؟
Est-ce que ce bus va à ...?	āyā in otobus be ... miravad? آیا این اتوبوس به...می رود؟
L'autobus passe tous les combien?	otobus har čand vaqt yekbār rāh mioftad? اتوبوس هر چند وقت یکبار راه می افتد؟
chaque quart d'heure	har pānzdah daqiqe yekbār هر 15 دقیقه یکبار
chaque demi-heure	har nim sāat yekbār هر نیم ساعت یکبار
chaque heure	har sāat هر ساعت
plusieurs fois par jour	čand bār dar ruz چند بار در روز
... fois par jour	... bār dar ruz ...بار در روز
horaire	jadval-e sāat جدول ساعات
Où puis-je voir l'horaire?	jadval-e sāat rā kojā mtavānam bebinam? جدول ساعات را کجا می توانم ببینم؟
À quelle heure passe le prochain bus?	otobus-e ba'di če sāati ast? اتوبوس بعدی چه ساعتی است؟
À quelle heure passe le premier bus?	otobus-e avval če sāati ast? اتوبوس اول چه ساعتی است؟
À quelle heure passe le dernier bus?	otobus-e axar če sāati ast? اتوبوس آخر چه ساعتی است؟

arrêt	istgāh
	ایستگاه
prochain arrêt	istgāh-e ba'di
	ایستگاه بعدی
terminus	termināl
	ترمینال
Pouvez-vous arrêter ici, s'il vous plaît.	lotfan injā tavaqqof konid
	لطفاً اینجا توقف کنید.
Excusez-moi, c'est mon arrêt.	bebaxšid, istgāh-e man injāst
	ببخشید، ایستگاه من اینجاست.

Train

train	qatār قطار
train de banlieue	qatār-e beyn-e šahri قطار بیرون شهری
train de grande ligne	qatār-e safari قطار سفری
la gare	istgāh-e qatar ایستگاه قطار
Excusez-moi, où est la sortie vers les quais?	bebaxšid, xoruji be samt-e sakuhā kojāst? ببخشید، خروجی به سمت سکوها کجاست؟

Est-ce que ce train va à …?	ayā in qatār be … miravad? آیا این قطار به...می رود؟
le prochain train	qatār-e ba'di قطار بعدی
À quelle heure est le prochain train?	qatār-e ba'di če sāati ast? قطار بعدی چه ساعتی است؟

Où puis-je voir l'horaire?	jadval-e sāāt rā kojā mtavānam bebinam? جدول ساعات را کجا می توانم ببینم؟
De quel quai?	az kodām sakku? از کدام سکو؟
À quelle heure arrive le train à …?	če sāati qatār be … miresad? چه ساعتی قطار به... می رسد؟

Pouvez-vous m'aider, s'il vous plaît?	lotfan be man komak konid لطفاً به من کمک کنید.
Je cherche ma place.	donbāl-e jā-ye xod migardam دنبال جای خود می گردم.
Nous cherchons nos places.	donbāl-e jā-hāye xod migardim دنبال جاهای خود می گردیم.

Ma place est occupée.	jā-ye man gerefte šode ast جای من گرفته شده است.
Nos places sont occupées.	jā-hāye mā gerefte šode and جاهای ما گرفته شده اند.
Excusez-moi, mais c'est ma place.	bebaxšid, injā jā-ye man ast ببخشید، اینجا جای من است.

Est-ce que cette place est libre?	āyā in jā āzād ast?
	آیا این جا آزاد است؟
Puis-je m'asseoir ici?	mitavānam injā benešinam?
	می توانم اینجا بنشینم؟

Sur le train - Dialogue (Pas de billet)

Votre billet, s'il vous plaît.	bilit, lotfan
	بلیط، لطفاً.
Je n'ai pas de billet.	bilit nadāram
	بلیط ندارم.
J'ai perdu mon billet.	bilitam rā gom kardeam
	بلیطم را گم کرده ام.
J'ai oublié mon billet à la maison.	bilitam rā dar xāne jā gozāšteam
	بلیطم را در خانه جا گذاشته ام.
Vous pouvez m'acheter un billet.	mitavanid bilit rā az man bexarid
	می توانید بلیط را از من بخرید.
Vous devrez aussi payer une amende.	bāyad jarime-i rā ham bepardāzid
	باید جریمه ای را هم بپردازید.
D'accord.	bāšad
	باشد.
Où allez-vous?	kojā miravid?
	کجا می روید؟
Je vais à ...	be ... miravam
	به...می روم.
Combien? Je ne comprend pas.	čeqadr? motevajeh našodam
	چقدر؟ متوجه نشدم.
Pouvez-vous l'écrire, s'il vous plaît.	lotfan ānrā benevisid
	لطفاً آنرا بنویسید.
D'accord. Puis-je payer avec la carte?	bale. mitavānam bā kārt bepardāzam?
	بله. می توانم با کارت بپردازم؟
Oui, bien sûr.	bale, hatman
	بله، حتماً.
Voici votre reçu.	in resid-e šomāst
	این رسید شماست.
Désolé pour l'amende.	bābat-e jarime moteasefam
	بابت جریمه متأسفم.
Ça va. C'est de ma faute.	moškeli nist. taqsir-e xod-e man ast
	مشکلی نیست. تقصیر خود من است.
Bon voyage.	safar bexeyr
	سفر بخیر.

Taxi

taxi	tāksi
	تاکسی
chauffeur de taxi	rānande tāksi
	راننده تاکسی
prendre un taxi	tāksi gereftan
	تاکسی گرفتن
arrêt de taxi	istgāh-e tāksi
	ایستگاه تاکسی
Où puis-je trouver un taxi?	kojā mitavānam tāksi begiram?
	کجا می توانم تاکسی بگیرم؟
appeler un taxi	tāksi sedā zadan
	تاکسی صدا زدن
Il me faut un taxi.	tāksi lāzem dāram
	تاکسی لازم دارم.
maintenant	alān
	الان
Quelle est votre adresse?	ādres-e šomā kojāst?
	آدرس شما کجاست؟
Mon adresse est ...	ādres-e man ... ast.
	آدرس من...است.
Votre destination?	maqsad-e šoma?
	مقصد شما؟
Excusez-moi, ...	bebaxšid, ...
	...ببخشید،
Vous êtes libre ?	āzād hastid?
	آزاد هستید؟
Combien ça coûte pour aller à ...?	hazine-ye raftan be ... čeqadr mišavad?
	هزینه رفتن به...چقدر می شود؟
Vous savez où ça se trouve?	midānid kojāst?
	می دانید کجاست؟
À l'aéroport, s'il vous plaît.	forudgāh, lotfan
	فرودگاه، لطفاً.
Arrêtez ici, s'il vous plaît.	lotfan injā tavaqqof konid
	لطفاً اینجا توقف کنید.
Ce n'est pas ici.	injā nist
	اینجا نیست.
C'est la mauvaise adresse.	ādres eštebāh ast
	آدرس اشتباه است.
tournez à gauche	dast-e čap bepičid
	دست چپ بپیچید.
tournez à droite	dast-e rast bepičid
	دست راست بپیچید.

Combien je vous dois?	čeqadr be šomā bepardāzam? چقدر به شما بپردازم؟
J'aimerais avoir un reçu, s'il vous plaît.	lotfan yek resid be man bedahid لطفاً یک رسیدبه من بدهید.
Gardez la monnaie.	bagiye-ye pul rā negah dārid بقیه پول را نگه دارید.

Attendez-moi, s'il vous plaît ...	lotfan mitavānid montazer-e man bemānid? لطفاً می توانید منتظر من بمانید؟

cinq minutes	panj daqiqe پنج دقیقه
dix minutes	dah daqiqe ده دقیقه
quinze minutes	pānzdah daqiqe پانزده دقیقه
vingt minutes	bist daqiqe بیست دقیقه
une demi-heure	nim sāat نیم ساعت

Hôtel

Bonjour.	salām سلام.
Je m'appelle ...	esm-e man ... ast اسم من...است.
J'ai réservé une chambre.	yek otāq rezerv kardeam یک اتاق رزرو کرده ام.

Je voudrais ...	be ... niyāz dāram به...نیازدارم
une chambre simple	yek otāq-e yek nafare یک اتاق یک نفره
une chambre double	yek otāq-e do nafare یک اتاق دو نفره
C'est combien?	qeymat-e ān čand ast? قیمت آن چند است؟
C'est un peu cher.	kami gerān ast کمی گران است.

Avez-vous autre chose?	gozine-ye digari ham dārid? گزینه دیگری هم دارید؟
Je vais la prendre.	ān rā rā migiram آن را می گیرم.
Je vais payer comptant.	naaqdi pardāxt mikonam نقدی پرداخت می کنم.

J'ai un problème.	yek moškel dāram یک مشکل دارم.
Mon ... est cassé /Ma ... est cassée/	...man šekaste ast ... من شکسته است.
Mon /Ma/ ... ne fonctionne pas.	...man kār nemikonad ...من کار نمی کند.
télé	televiziyon تلویزیون
air conditionné	tahviye-ye matbuʿ تهویه مطبوع
robinet	šir-e āb شیر آب

douche	duš دوش
évier	sink سینک
coffre-fort	gāv sandoq گاو صندوق

serrure de porte	qofl-e dar قفل در
prise électrique	piriz-e barq پریز برق
sèche-cheveux	sešoār سشوار

Je n'ai pas ...	... nadāram. ...ندارم.
d'eau	āb آب
de lumière	nur نور
d'électricité	barq برق

Pouvez-vous me donner ...?	mitavānid ... be man bedahid? می توانید... به من بدهید؟
une serviette	yek hole یک حوله
une couverture	yek patu یک پتو
des pantoufles	dampāyi دمپایی
une robe de chambre	yek robdošāmbr یک روب دوشامبر
du shampoing	šāmpo شامپو
du savon	sabun صابون

Je voudrais changer ma chambre.	mixāham otāqam rā avaz konam می خواهم اتاقم را عوض کنم.
Je ne trouve pas ma clé.	kelidam rā peydā nemikonam کلیدم را پیدا نمی کنم.
Pourriez-vous ouvrir ma chambre, s'il vous plaît?	mitavānid lotfan otāqam rā bāz konid? می توانید لطفا اتاقم را باز کنید؟
Qui est là?	kiye? کیه؟
Entrez!	befarmāyid tu! !بفرمایید تو
Une minute!	yek lahze! !یک لحظه
Pas maintenant, s'il vous plaît.	lotfan alān na لطفا الان نه.

Pouvez-vous venir à ma chambre, s'il vous plaît.	mitavānid lotfan be otāq-e man biyāyid? می توانید لطفا به اتاق من بیایید؟
J'aimerais avoir le service d'étage.	mixāham qazāye dāxel-e otāq rā sefāres bedaham می خواهم غذای داخل اتاق راسفارش بدهم.

Mon numéro de chambre est le ...	šomāre-ye otāq-e man ... ast
	شماره اتاق من... است.
Je pars ...	man ... miravam
	من...می روم
Nous partons ...	mā ... miravim
	ما...می رویم
maintenant	alān
	الان
cet après-midi	emruz ba'd az zohr
	امروز بعد از ظهر
ce soir	emšab
	امشب
demain	fardā
	فردا
demain matin	fardā sobh
	فردا صبح
demain après-midi	fardā ba'd az zohr
	فردا بعد از ظهر
après-demain	pas fardā
	پس فردا

Je voudrais régler mon compte.	mixāham hesāb-e xod ra bepardāzam
	می خواهم حساب خود را بپردازم.
Tout était merveilleux.	hame čiz xeyli āli bud
	همه چیز خیلی عالی بود.
Où puis-je trouver un taxi?	kojā mitavānam tāksi begiram?
	کجا می توانم تاکسی بگیرم؟
Pourriez-vous m'appeler un taxi, s'il vous plaît?	mitavānid lotfan yek tāksi barāyam sedā konid?
	می توانید لطفاً یک تاکسی برایم صدا کنید؟

Restaurant

Puis-je voir le menu, s'il vous plaît?	mitavānam lotfan meno rā bebinam? می توانم لطفاً منو را ببینم؟
Une table pour une personne.	yek miz-e yek nafare یک میز یک نفره.
Nous sommes deux (trois, quatre).	do (se, čāhār) nafar hastim دو (سه، چهار) نفر هستیم.

Fumeurs	sigāri سیگاری
Non-fumeurs	qeyre sigāri غیر سیگاری
S'il vous plaît!	bebaxšid! ببخشید!
menu	meno منو
carte des vins	meno-ye mašrubāt منوی مشروبات
Le menu, s'il vous plaît.	meno lotfan منو، لطفاً.

Êtes-vous prêts à commander?	mixāhid sefārešetān rā bedahid? می خواهید سفارشتان رابدهید؟
Qu'allez-vous prendre?	če meyl mikonid? چه میل می کنید؟
Je vais prendre ...	yek ... migiram یک...می گیرم

Je suis végétarien.	giyāhxār hastam گیاهخوار هستم.
viande	gušt گوشت
poisson	māhi ماهی
légumes	sabzijāt سبزیجات
Avez-vous des plats végétariens?	qāzāhā-ye giyāhi dārid? غذاهای گیاهی دارید؟
Je ne mange pas de porc.	gušt-e xuk nemixoram گوشت خوک نمی خورم.
Il /elle/ ne mange pas de viande.	u gušt nemixorad او گوشت نمی خورد.
Je suis allergique à ...	be ... hassāsiyat dāram به...حساسیت دارم

Pourriez-vous m'apporter …, s'il vous plaît.	mitavānid lotfa … barāyam biyāvarid می توانیدلطفاً...برایم بیاورید.
le sel | le poivre | du sucre	namak | felfel | šekar شکر\ فلفل \ نمک
un café | un thé | un dessert	qahve | čāy | deser دسر \ چای \ قهوه
de l'eau | gazeuse | plate	āb | gāzdār | bigāz بی گاز \ گازدار \ آب
une cuillère | une fourchette | un couteau	yek qāšoq | yek čangāl | yek kārd یک کارد \ یک چنگال \ یک قاشق
une assiette | une serviette	yek bošqāb | yek dastmāl یک دستمال \ یک بشقاب

Bon appétit!	meyl befarmāyid! امیل بفرمایید!
Un de plus, s'il vous plaît.	yeki digar lotfan یکی دیگر لطفاً.
C'était délicieux.	besyār xošmaze bud بسیار خوشمزه بود.

l'addition | de la monnaie | le pourboire	surat hesāb | pul-e xord | an'ām انعام \ پول خرد \ صورت حساب
L'addition, s'il vous plaît.	surat hesab, lotfan صورت حساب لطفاً.
Puis-je payer avec la carte?	mitavānam bā kārt bepardāzam? می توانم با کارت بپردازم؟
Excusez-moi, je crois qu'il y a une erreur ici.	bebaxšid, fekr mikonam injā eštebāhi sode ast ببخشید، فکرمی کنم اینجا اشتباهی شده است.

Shopping. Faire les Magasins

Est-ce que je peux vous aider?	mitavānam komaketān konam? می توانم کمکتان کنم؟
Avez-vous ... ?	āyā ... dārid? آیا...دارید؟
Je cherche ...	donbāl-e ... migardam دنبال...می گردم
Il me faut ...	be ... ehtiyāj dāram به...احتیاج دارم

Je regarde seulement, merci.	faqat negāh mikonam mamnun فقط نگاه می کنم، ممنون.
Nous regardons seulement, merci.	faqat negāh mikonim, mamnun فقط نگاه می کنیم، ممنون.
Je reviendrai plus tard.	yek bār-e digar xāham āmad یک بار دیگر خواهم آمد.
On reviendra plus tard.	yek bār-e digar xāhim āmad یک بار دیگر خواهیم آمد.
Rabais	Soldes	taxfif	harāj حراج ا تخفیف

Montrez-moi, s'il vous plaît ...	mitavānid lotfan ... rā be man nešān bedahid می توانید لطفاً ... را به من نشان بدهید؟
Donnez-moi, s'il vous plaît ...	lotfan ... rā be man bedahid لطفاً...را به من بدهید
Est-ce que je peux l'essayer?	mitavānam in rā emtehān konam? می توانم این را امتحان کنم؟
Excusez-moi, où est la cabine d'essayage?	bebaxšid, kabin-e porov kojāst? ببخشید، کابین پرو کجاست؟
Quelle couleur aimeriez-vous?	če rangi rā dust dā rid? چه رنگی را دوست دارید؟
taille	longueur	sā yz	bolandi بلندی ا سایز
Est-ce que la taille convient ?	āyā sāyz-e šomā mibāšad? آیا سایز شما می باشد؟

Combien ça coûte?	qeymat-e ān čand ast? قیمت آن چند است؟
C'est trop cher.	xeyli gerān ast خیلی گران است.
Je vais le prendre.	ān rā rā migiram آن را می گیرم.

Excusez-moi, où est la caisse?	bebaxšid, sandoq kojāst? ببخشید، صندوق کجاست؟
Payerez-vous comptant ou par carte de crédit?	be surat-e naqdi ya bā kārt-e e'tebāri pardāxt mikonid? به صورت نقدی یا با کارت اعتباری پرداخت می کنید؟
Comptant | par carte de crédit	naqdi | bā kārt-e e'tebāri با کارت اعتباری ا نقدی
Voulez-vous un reçu?	resid mixāhid? رسید می خواهید؟
Oui, s'il vous plaît.	bale, lotfan بله، لطفاً.
Non, ce n'est pas nécessaire.	xeyr, niyāzi nist خیر، نیازی نیست.
Merci. Bonne journée!	mamnum ruzetān xoš! ممنون، روزتان خوش!

En ville

Excusez-moi, ...	bebaxšid, ...ببخشید،
Je cherche ...	donbāl-e ... migardam دنبال...می گردم
le métro	metro مترو
mon hôtel	hotel-e man هتل من
le cinéma	cinamā سینما
un arrêt de taxi	istgāh-e tāksi ایستگاه تاکسی

un distributeur	xodpardāz خودپرداز
un bureau de change	daftar-e sarāfi دفتر صرافی
un café internet	kāfinet کافی نت
la rue ...	xiyābān-e ... خیابان...
cette place-ci	in makān این مکان

Savez-vous où se trouve ...?	āyā midānid ... kojāst آیا می دانید...کجاست؟
Quelle est cette rue?	in če xiyābāni ast? این چه خیابانی است؟
Montrez-moi où sommes-nous, s'il vous plaît.	lotfan be man nešān bedahid alān kojā hastim لطفأ به من نشان بدهید الان کجا هستیم.

Est-ce que je peux y aller à pied?	mitavānam piyāde beravam? می توانم پیاده بروم؟
Avez-vous une carte de la ville?	naqše-ye šahr rā dārid? نقشه شهر را دارید؟

C'est combien pour un ticket?	qeymat-e yek bilit čand ast? قیمت یک بلیط چند است؟
Est-ce que je peux faire des photos?	āyā mitavānam aks begiram? آیا می توانم عکس بگیرم؟
Êtes-vous ouvert?	bāz hastid? باز هستید؟

À quelle heure ouvrez-vous?

če sāati bāz mikonid?

چه ساعتی باز می کنید؟

À quelle heure fermez-vous?

če sāati mibandid?

چه ساعتی می بندید؟

L'argent

argent	pul پول
argent liquide	pul-e naqd پول نقد
des billets	eskenās اسکناس
petite monnaie	pul-e xord پول خرد
l'addition | de la monnaie | le pourboire	surat hesāb | pul-e xord | an'ām انعام ا پول خرد ا صورت حساب

carte de crédit	kārt-e e'tebāri کارت اعتباری
portefeuille	kif-e pul کیف پول
acheter	xaridan خریدن
payer	pardāxt kardan پرداخت کردن
amende	jarime جریمه
gratuit	rāygān رایگان

Où puis-je acheter ... ?	kojā mitavānam ... bexaram? کجا می توانم...بخرم؟
Est-ce que la banque est ouverte en ce moment?	āyā alān bānk bāz ast? آیا الان بانک باز است؟
À quelle heure ouvre-t-elle?	če sāati bāz mikonad? چه ساعتی بازمی کند؟
À quelle heure ferme-t-elle?	če sāati mibandad? چه ساعتی می بندد؟

C'est combien?	čand ast? چنداست؟
Combien ça coûte?	qeymat-e ān čand ast? قیمت آن چند است؟
C'est trop cher.	xeyli gerān ast خیلی گران است.

Excusez-moi, où est la caisse?	bebaxšid, sandoq kojāst? ببخشید،صندوق کجاست؟
L'addition, s'il vous plaît.	surat hesāb, lotfan صورت حساب، لطفاً.

Puis-je payer avec la carte?	mitavānam bā kārt bepardāzam? می توانم با کارت بپردازم؟
Est-ce qu'il y a un distributeur ici?	āyā injā xodpardāz hast? آیا اینجا خودپرداز هست؟
Je cherche un distributeur.	donbāl-e yek xodpardāz migardam دنبال یک خودپرداز می گردم.
Je cherche un bureau de change.	donbāl-e sarrāfi migardam دنبال صرافی می گردم.
Je voudrais changer …	mixāham … avaz konam می خواهم...عوض کنم.
Quel est le taux de change?	nerx-e arz čeqadr ast? نرخ ارز چقدر است؟
Avez-vous besoin de mon passeport?	āyā gozarnāme-ye man rā lāzem dārid? آیا گذرنامه من را لازم دارید؟

Le temps

Quelle heure est-il?	sāat čand ast? ساعت چند است؟
Quand?	key? کی؟
À quelle heure?	če sāati? چه ساعتی؟
maintenant | plus tard | après …	alān | dirtar | ba'd بعد | دیرتر | الان

une heure	sāat-e yek ساعت یک
une heure et quart	sāat-e yek-o-rob ساعت یک و ربع
une heure et demie	sāat-e yek-o-nim ساعت یک و نیم
deux heures moins quart	yek rob be do یک ربع به دو

un | deux | trois	yek | do | se سه | دو | یک
quatre | cinq | six	čāhār | panj | šeš شش | پنج | چهار
sept | huit | neuf	haft | hašt | noh نه | هشت | هفت
dix | onze | douze	dah | yāzdah | davāzdah دوازده | یازده | ده

dans …	tā … digar تا...دیگر
cinq minutes	panj daqiqe پنج دقیقه
dix minutes	dah daqiqe ده دقیقه
quinze minutes	pānzdah daqiqe پانزده دقیقه
vingt minutes	bist daqiqe بیست دقیقه

une demi-heure	nim sāat نیم ساعت
une heure	yek sāat یک ساعت

dans la matinée	sobh
	صبح
tôt le matin	sobh-e zud
	صبح زود
ce matin	emruz sobh
	امروزصبح
demain matin	fardā sobh
	فردا صبح

à midi	zohr
	ظهر
dans l'après-midi	ba'd az zohr
	بعد ازظهر
dans la soirée	šab
	شب
ce soir	emšab
	امشب

la nuit	šab
	شب
hier	diruz
	دیروز
aujourd'hui	emruz
	امروز
demain	fardā
	فردا
après-demain	pas fardā
	پس فردا

Quel jour sommes-nous aujourd'hui?	emruz če ruzi ast?
	امروزچه روزی است؟
Nous sommes ...	emruz ... ast
	امروز...است
lundi	došanbe
	دوشنبه
mardi	sešanbe
	سه شنبه
mercredi	čāhāršanbe
	چهارشنبه

jeudi	panjšanbe
	پنجشنبه
vendredi	jom'e
	جمعه
samedi	šanbe
	شنبه
dimanche	yekšanbe
	یکشنبه

Salutations - Introductions

Bonjour.
salām
سلام.

Enchanté /Enchantée/
xošbaxtam
خوشبختم.

Moi aussi.
man ham hamintor
من هم همینطور.

Je voudrais vous présenter ...
... rā be šomā mo'arefi mikonam
...را به شما معرفی می کنم

Ravi /Ravie/ de vous rencontrer.
az didāretan xošbaxtam
از دیدارتان خوشبختم.

Comment allez-vous?
hāletān četor ast?
حالتان چطور است؟

Je m'appelle ...
esm-e man ... ast
اسم من...است.

Il s'appelle ...
esm-e u ... ast
اسم او...است.

Elle s'appelle ...
esm-e u ... ast
اسم او...است.

Comment vous appelez-vous?
esm-e šomā čist?
اسم شما چیست؟

Quel est son nom?
esm-e u čist?
اسم او چیست؟

Quel est son nom?
esm-e u čist?
اسم او چیست؟

Quel est votre nom de famille?
nām xānevādegi-ye šomā čist?
نام خانوادگی شما چیست؟

Vous pouvez m'appeler ...
mitavānid man rā ... sedā konid
می توانید من را...صدا کنید

D'où êtes-vous?
ahl-e kojāhastid?
اهل کجا هستید؟

Je suis de ...
ahl-e ... hastam
اهل...هستم.

Qu'est-ce que vous faites dans la vie?
šoql-e šomā čist?
شغل شما چیست؟

Qui est-ce?
kiye?
کیه؟

Qui est-il?
u kist?
اوکیست؟

Qui est-elle?
u kist?
اوکیست؟

Qui sont-ils?
ānhā ki hatand?
آنها کی هستند؟

C'est ...	u ... ast
	اى...است
mon ami	dust-e man
	دوست من
mon amie	dust-e man
	دوست من
mon mari	šohar-e mn
	شوهر من
ma femme	zan-e man
	زن من
mon père	pedar-e man
	پدر من
ma mère	mādar-e man
	مادر من
mon frère	barādar-e man
	برادر من
ma sœur	xāhar-e man
	خواهر من
mon fils	pesar-e man
	پسر من
ma fille	doxtar-e man
	دختر من
C'est notre fils.	pesar-e māst
	پسر ماست.
C'est notre fille.	doxtar-e māst
	دخترماست.
Ce sont mes enfants.	farzandān-e man hastand
	فرزندان من هستند.
Ce sont nos enfants.	farzandān-e mā hastand
	فرزندان ما هستند.

Les adieux

Au revoir!	xodāhāfez! خداحافظ!
Salut!	bāy bāy! بای بای!
À demain.	tā fardā تا فردا.
À bientôt.	tā be zudi تا به زودی.
On se revoit à sept heures.	tā sāat-e haft تا ساعت هفت.
Amusez-vous bien!	xoš begzarad! خوش بگذرد!
On se voit plus tard.	hamdigar rā ba'dan mibinim همدیگررا بعدا می بینیم.
Bonne fin de semaine.	āxar-e hafte xoš آخر هفته خوش.
Bonne nuit.	šab xoš شب خوش.
Il est l'heure que je parte.	vaqt-e raftan-e man ast وقت رفتن من است.
Je dois m'en aller.	bāyad beravam باید بروم.
Je reviens tout de suite.	zud barmigardam زود بر می گردم.
Il est tard.	dir ast دیراست.
Je dois me lever tôt.	bāyad zud az xāb bidār šavam باید زود از خواب بیدار شوم.
Je pars demain.	fardā be safar miravam فردا به سفر می روم.
Nous partons demain.	fardā be safar miravim فردا به سفر می رویم.
Bon voyage!	safar be xeyr! سفر به خیر!
Enchanté de faire votre connaissance.	az āšnāyi bā šomā xošbaxtam ازآشنایی با شما خوشبختم.
Heureux /Heureuse/ d'avoir parlé avec vous.	az sohbat bā šomā xošhāl šodam ازصحبت با شما خوشحال شدم.
Merci pour tout.	barāye hame čiz mamnun برای همه چیز ممنونم.

Je me suis vraiment amusé /amusée/	oqāt-e xubi rā gozarāndam اوقات خوبی را گذراندم.
Nous nous sommes vraiment amusés /amusées/	oqāt-e xubi rā gozarāndim اوقات خوبی را گذراندیم.
C'était vraiment plaisant.	xeyli xoš gozašt خیلی خوش گذشت.
Vous allez me manquer.	delam barāyetān tang mišavad دلم برایتان تنگ می شود.
Vous allez nous manquer.	delamān barāyetān tang mišavad دلمان برایتان تنگ می شود.

Bonne chance!	movaffaq bāšid! موفق باشید!
Mes salutations à …	salām-e an rā be … beresānid سلام من را به…برسانید.

Une langue étrangère

Je ne comprends pas.	motevajjeh nemišavam
	متوجه نمی شوم.
Écrivez-le, s'il vous plaît.	lotfan ānrā benevisid
	لطفاً آنرا بنویسید.
Parlez-vous ...?	āyā ... sohbat mikonid
	آیا...صحبت می کنید؟

Je parle un peu ...	kami ... sohbat mikonam
	کمی...صحبت می کنم
anglais	ingilisi
	انگلیسی
turc	torki
	ترکی
arabe	arabi
	عربی
français	farānsavi
	فرانسوی

allemand	ālmāni
	آلمانی
italien	itāliyāyi
	ایتالیایی
espagnol	espāniyāyi
	اسپانیایی
portugais	porteqāli
	پرتغالی
chinois	čini
	چینی
japonais	žāponi
	ژاپنی

Pouvez-vous le répéter, s'il vous plaît.	lotfan mitavānid tekrār konid
	لطفاً می توانید تکرار کنید.
Je comprends.	motevajjeh mišavam
	متوجه می شوم.
Je ne comprends pas.	motevajjeh nemišavam
	متوجه نمی شوم.
Parlez plus lentement, s'il vous plaît.	lotfan aheste tar sohbat konid
	لطفاً آهسته ترصحبت کنید.

Est-ce que c'est correct?	āyā dorost miguyam?
	آیا درست می گویم؟
Qu'est-ce que c'est?	ya'ni če?
	یعنی چه؟

Les excuses

Excusez-moi, s'il vous plaît.	bebaxsid, lotfan ببخشید، لطفاً.
Je suis désolé /désolée/	moteasefam متاسفم.
Je suis vraiment /désolée/	vage'an moteasefam واقعا متاسفم.
Désolé /Désolée/, c'est ma faute.	moteasefam, taqsir-e man ast متاسفم، تقصیرمن است.
Au temps pour moi.	man eštebāh kardam من اشتباه کردم.
Puis-je ... ?	mitavānam ...? می توانم...؟
Ça vous dérange si je ...?	barāye šomā eškāli nadārad agar man ...? برای شما اشکالی ندارد اگرمن...؟
Ce n'est pas grave.	mohem nist مهم نیست.
Ça va.	moškeli nist مشکلی نیست.
Ne vous inquiétez pas.	mas'alei nist مسئله ای نیست.

Les accords

Oui	bale بله
Oui, bien sûr.	bale, albate بله، البته.
Bien.	xub. خوب.
Très bien.	xeyli xub خیلی خوب.
Bien sûr!	albate! البته!
Je suis d'accord.	movāfeq hastam موافق هستم.
C'est correct.	dorost ast درست است.
C'est exact.	dorost ast درست است.
Vous avez raison.	rāst miguyid راست می گویید.
Je ne suis pas contre.	moxālef nistam مخالف نیستم.
Tout à fait correct.	kāmelan dorost ast کاملا درست است.
C'est possible.	momken ast ممکن است.
C'est une bonne idée.	fekr-e xubi ast فکر خوبی است.
Je ne peux pas dire non.	nemitavānam na beguyam نمی توانم نه بگویم.
J'en serai ravi /ravie/	xošhāl xāham šod خوشحال خواهم شد.
Avec plaisir.	bā kamāl-e meyl با کمال میل.

Refus, exprimer le doute

Non	xeyr خیر
Absolument pas.	aslan اصلا.
Je ne suis pas d'accord.	movāfeq nistam موافق نیستم.
Je ne le crois pas.	fekr nemikonam فکر نمی کنم.
Ce n'est pas vrai.	dorost nist درست نیست.
Vous avez tort.	eštebāh mikonid اشتباه می کنید.
Je pense que vous avez tort.	fekr mikonam ke eštebāh mikonid فکر می کنم که اشتباه می کنید.
Je ne suis pas sûr /sûre/	motma'en nistam مطمئن نیستم
C'est impossible.	qeyre momken ast غیر ممکن است.
Pas du tout!	be hič onvān! به هیچ عنوان!
Au contraire!	bar aks! برعکس!
Je suis contre.	moxālefam مخالفم.
Ça m'est égal.	barāyam farqi nemikonad برایم فرقی نمی کند.
Je n'ai aucune idée.	hič nazari nadāram هیچ نظری ندارم.
Je doute que cela soit ainsi.	šak dāram شک دارم.
Désolé /Désolée/, je ne peux pas.	moteasefam, nemitavānam متاسفم، نمی توانم.
Désolé /Désolée/, je ne veux pas.	moteasefam, nemixāham متاسفم، نمی خواهم.
Merci, mais ça ne m'intéresse pas.	mamnun vali barāyam jāleb nist ممنون ولی برایم جالب نیست.
Il se fait tard.	dir šode ast دیر شده است.

Je dois me lever tôt.

bāyad zud az xāb bidār šavam

باید زود از خواب بیدار شوم.

Je ne me sens pas bien.

hālam xub nist

حالم خوب نیست.

Exprimer la gratitude

Merci.	mamnun
	ممنون.
Merci beaucoup.	xeyli mamnun
	خیلی ممنون.
Je l'apprécie beaucoup.	besyār sepāsgozāram
	بسیار سپاسگزارم.
Je vous suis très reconnaissant.	vaqean az šomā motešakkeram
	واقعا از شما متشکرم.
Nous vous sommes très reconnaissant.	vaqean az šomā motešakkerim
	واقعا از شما متشکریم.

Merci pour votre temps.	mamnun ke vaqt gozāštid
	ممنون که وقت گذاشتید.
Merci pour tout.	barāye hame čiz mamnun
	برای همه چیز ممنونم.
Merci pour …	mamnun barāye …
	ممنون برای...
votre aide	komak-e šomā
	کمک شما
les bons moments passés	lahezāt-e xubi ke gozarāndim
	لحظات خوبی که گذراندیم

un repas merveilleux	qazā-ye laziz
	غذای لذیذ
cette agréable soirée	in šab-e āli
	این شب عالی
cette merveilleuse journée	in ruz-e foqol'āde
	این روز فوق العاده
une excursion extraordinaire	in safar-e xareqol'āde
	این سفر خارق العاده

Il n'y a pas de quoi.	xāheš mikonam
	خواهش می کنم.
Vous êtes les bienvenus.	xāheš mikonam
	خواهش می کنم.
Mon plaisir.	bā kamāl-e meyl
	با کمال میل.
J'ai été heureux /heureuse/ de vous aider.	bāes-e xošhāli bud
	باعث خوشحالی بود.
Ça va. N'y pensez plus.	qābeli nadāšt
	قابلی نداشت.
Ne vous inquiétez pas.	mas'alei nist
	مسئله ای نیست.

Félicitations. Vœux de fête

Félicitations!	mobārak bāšad! مبارک باشد!
Joyeux anniversaire!	tavalodet mobārak! تولدت مبارک!
Joyeux Noël!	krismas mobārak! کریسمس مبارک!
Bonne Année!	sāl-e no mobārak! سال نو مبارک!

Joyeuses Pâques!	eyd-e pāk mobārak! عید پاک مبارک!
Joyeux Hanoukka!	hānokā mobārak! هانوکا مبارک!

Je voudrais proposer un toast.	be salāmati benušim به سلامتی بنوشیم.
Santé!	be salāmati! به سلامتی!
Buvons à ...!	be salāmati-ye...benušim! بنوشیم...به سلامتی!
À notre succès!	be salāmati-ye movaffaqiyat-e mā! به سلامتی موفقیت ما!
À votre succès!	be salāmati-ye movaffaqiyat-e šomā! به سلامتی موفقیت شما!

Bonne chance!	movaffaq bāšid! موفق باشید!
Bonne journée!	ruz xoš! روز خوش!
Passez de bonnes vacances !	tatilāt xoš! تعطیلات خوش !
Bon voyage!	safar be xeyr! سفر به خیر!
Rétablissez-vous vite.	be ārezuye salāmati-ye zudtar-e šomā. به آرزوی سلامتی زودتر شما.

Socialiser

Pourquoi êtes-vous si triste?	čerā nārāhat hastid? چرا ناراحت هستید؟
Souriez!	labxand bezanid! لبخند بزنید!
Êtes-vous libre ce soir?	emšab āzād hastid? امشب آزاد هستید؟
Puis-je vous offrir un verre?	mitavānam be yek nušidani da'vatetān konam? می توانم به یک نوشیدنی دعوتتان کنم؟
Voulez-vous danser?	āyā mixāhid beraqsid? آیا می خواهید برقصید؟
Et si on va au cinéma?	āyā dust dārid be cinamā beravim? آیا دوست داریدبه سینما برویم؟
Puis-je vous inviter ...	mitavānam šomā rā ... da'vat konam می توانم شما را ...دعوت کنم
au restaurant	be resturān به رستوران
au cinéma	be cinamā به سینما
au théâtre	be teātr به تئاتر
pour une promenade	be gardeš به گردش
À quelle heure?	če sāati? چه ساعتی؟
ce soir	emšab امشب
à six heures	sāat-e šeš ساعت شش
à sept heures	sāat-e haft ساعت هفت
à huit heures	sāat-e hašt ساعت هشت
à neuf heures	sāat-e noh ساعت نه
Est-ce que vous aimez cet endroit?	āyā in mahal rā dust dārid? آیا این محل را دوست دارید؟
Êtes-vous ici avec quelqu'un?	āyā bā kasi be injā āmadeid? آیا با کسی اینجا آمده اید؟

Je suis avec mon ami.	bā dustam hastam
	با دوستم هستم.
Je suis avec mes amis.	bā dustānam hastam
	با دوستانم هستم.
Non, je suis seul /seule/	na,tanhā hastam
	نه، تنها هستم.

As-tu un copain?	dust pesar dāri?
	دوست پسرداری؟
J'ai un copain.	dust pesar dāram
	دوست پسردارم.
As-tu une copine?	dust doxtar dāri?
	دوست دختر داری؟
J'ai une copine.	dust doxtar dāram
	دوست دختر دارم.

Est-ce que je peux te revoir?	mitavānam dobāre bebinametān?
	می توانم دوباره ببینمتان؟
Est-ce que je peux t'appeler?	mitavānam behetān telefon bezanam?
	می توانم بهتان تلفن بزنم؟
Appelle-moi.	behem telefn bezan
	بهم تلفن بزن.
Quel est ton numéro?	šomāre-ye telefonet čist?
	شماره تلفنت چیست؟
Tu me manques.	delam barāyat tang šode ast
	دلم برایت تنگ شده است.

Vous avez un très beau nom.	esm-e gašangi dārid
	اسم قشنگی دارید.
Je t'aime.	dustat dāram
	دوستت دارم.
Veux-tu te marier avec moi?	mixāhi bā man ezdevāj koni?
	می خواهی با من ازدواج کنی؟
Vous plaisantez!	šuxi mikonid!
	شوخی می کنید!
Je plaisante.	šuxi mikonam
	شوخی می کنم.

Êtes-vous sérieux /sérieuse/?	jeddi miguyid?
	جدی می گویید؟
Je suis sérieux /sérieuse/	jeddi miguyam
	جدی می گویم.
Vraiment?!	vāqean?!
	واقعا؟!
C'est incroyable!	bāvar nakadani ast
	باورنکردنی است
Je ne vous crois pas.	harfetān rā bāvar nemikonam
	حرفتان را باور نمی کنم.
Je ne peux pas.	nemitavānam
	نمی توانم.
Je ne sais pas.	nemidānam
	نمی دانم.

Je ne vous comprends pas	harfetān rā nemifahmam
	حرفتان را نمی فهمم.
Laissez-moi! Allez-vous-en!	lotfan beravid!
	!لطفاً بروید
Laissez-moi tranquille!	lotfan marā rāhat begozārid!
	!مرا راحت بگذارید

Je ne le supporte pas.	nemitavānam u rā tahamol konam
	نمی توانم او را تحمل کنم.
Vous êtes dégoûtant!	šomā monzajer konande hastid!
	!شما منزجر کننده هستید
Je vais appeler la police!	polis rā sedā mizanam!
	!پلیس را صدا می زنم

Partager des impressions. Émotions

J'aime ça.	in rā dust dāram
	این را دوست دارم.
C'est gentil.	xeyli xub ast
	خیلی خوب است.
C'est super!	āli ast!
	عالی است!
C'est assez bien.	bad nist
	بد نیست.

Je n'aime pas ça.	in rā dust nadāram
	این را دوست ندارم.
Ce n'est pas bien.	xub nist
	خوب نیست.
C'est mauvais.	bad ast
	بد است.
Ce n'est pas bien du tout.	aslan xub nist
	اصلا خوب نیست.
C'est dégoûtant.	mozajer knande ast
	منزجر کننده است.

Je suis content /contente/	xošhāl hastam
	خوشحال هستم.
Je suis heureux /heureuse/	xošbaxt hastam
	خوشبخت هستم.
Je suis amoureux /amoureuse/	āšeq hastam
	عاشق هستم.
Je suis calme.	ārām hastam
	آرام هستم.
Je m'ennuie.	kesel hastam
	کسل هستم.

Je suis fatigué /fatiguée/	xaste-am
	خسته ام.
Je suis triste.	nārāhat hastam
	ناراحت هستم.
J'ai peur.	mitarsam
	می ترسم.

Je suis fâché /fâchée/	asabāni hastam
	عصبانی هستم.
Je suis inquiet /inquiète/	negarān hastam
	نگران هستم.
Je suis nerveux /nerveuse/	asabi hastam
	عصبی هستم.

Je suis jaloux /jalouse/	hasud hastam
	حسود هستم.
Je suis surpris /surprise/	mote'ajeb hastam
	متعجب هستم.
Je suis gêné /gênée/	bohtzade hastam
	بهت زده هستم.

Problèmes. Accidents

J'ai un problème.	yek moškel dāram
	یک مشکل دارم.
Nous avons un problème.	yek moškel dārim
	یک مشکل داریم.
Je suis perdu /perdue/	gom šodeam
	گم شده ام.
J'ai manqué le dernier bus (train).	āxarin otobus (qatār) rā az dast dādeam
	آخرین اتوبوس (قطار) را از دست دادم.
Je n'ai plus d'argent.	digar pul nadāram
	دیگر پول ندارم.

J'ai perdu mon ...	...-am rā gom kardeam
	...ام راگم کرده ام.
On m'a volé mon ...	...-am rā dozdidand
	...ام را دزدیدند.

passeport	gozarnāme
	گذرنامه
portefeuille	kif-e pul
	کیف پول
papiers	madārek
	مدارک
billet	bilit
	بلیط

argent	pul
	پول
sac à main	kif-e dasti
	کیف دستی
appareil photo	durbin-e akkāsi
	دوربین عکاسی
portable	laptāp
	لپ تاپ
ma tablette	tablet
	تبلب
mobile	mobāyl
	موبایل

Au secours!	komak!
	!کمک
Qu'est-il arrivé?	če ettefāqi oftāde ast?
	چه اتفاقی افتاده است؟
un incendie	ātaš suzi
	آتش سوزی

des coups de feu	tirandāzi
	تیراندازی
un meurtre	qatl
	قتل
une explosion	enfejār
	انفجار
une bagarre	da'vā
	دعوا

Appelez la police!	polis rā xabar konid!
	!پلیس را خبر کنید
Dépêchez-vous, s'il vous plaît!	lotfan ajale konid!
	!لطفاً عجله کنید
Je cherche le commissariat de police.	donbāl-e edāre-ye polis migardam
	دنبال اداره پلیس می گردم.
Il me faut faire un appel.	niyāz dāram telefon bezanam
	نیازدارم تلفن بزنم.
Puis-je utiliser votre téléphone?	mitavānam az telefon-e šomā estefāde konam?
	می توانم از تلفن شما استفاده کنم؟

J'ai été ...	man mored-e ... qarār gereftam
	من مورد...قرار گرفتم
agressé /agressée/	man mored-e hamle qarār gereftam
	من مورد حمله قرار گرفتم
volé /volée/	man mored-e dozdi qarār gereftam
	من مورد دزدی قرار گرفتم
violée	man mored-e tajāvoz qarār gereftam
	من مورد تجاوز قرار گرفتم
attaqué /attaquée/	man kotak xordam
	من کتک خوردم

Est-ce que ça va?	xub hastid?
	خوب هستید؟
Avez-vous vu qui c'était?	didid ki bud?
	دیدید کی بود؟
Pourriez-vous reconnaître cette personne?	āyā mitavānid in šaxs ra šenāsāyi konid?
	آیامی توانید این شخص را شناسایی کنید؟
Vous êtes sûr?	motma'en hastid?
	مطمئن هستید؟

Calmez-vous, s'il vous plaît.	lotfan ārām bašid
	لطفاً آرام باشید.
Calmez-vous!	ārām bāšid!
	!آرام باشید
Ne vous inquiétez pas.	mas'alei nist
	مسئله ای نیست.
Tout ira bien.	hame čiz be xubi xāhad gozašt
	همه چیز به خوبی خواهد گذشت.
Ça va. Tout va bien.	hame čiz xub ast
	همه چیز خوب است.

Venez ici, s'il vous plaît.

lotfan biyāyid injā

لطفاً بیایید اینجا.

J'ai des questions à vous poser.

az šomā cand soāl dāram

از شما چند سوال دارم.

Attendez un moment, s'il vous plaît.

lotfan yek lahze montazer bemānid

لطفاً یک لحظه منتظر بمانید.

Avez-vous une carte d'identité?

kārt-e šenāsāyi dārid?

کارت شناسایی دارید؟

Merci. Vous pouvez partir maintenant.

mamnun, mitavānid beravid

ممنون. می توانید بروید.

Les mains derrière la tête!

dast-hā rā pošt-e sar begozārid!

دست ها را پشت سر بگذارید!

Vous êtes arrêté!

šomā bāzdāšt hastid!

شما بازداشت هستید!

Problèmes de santé

Aidez-moi, s'il vous plaît.	lotfan be man komak konid
	لطفاً به من کمک کنید.
Je ne me sens pas bien.	hālam xub nist
	حالم خوب نیست.
Mon mari ne se sent pas bien.	hāl-e šoharam xub nist
	حال شوهرم خوب نیست.
Mon fils ...	pesaram
	پسرم...
Mon père ...	pedaram
	پدرم...
Ma femme ne se sent pas bien.	hāl-e zanam xub nist
	حال زنم خوب نیست.
Ma fille ...	doxtaram
	دخترم...
Ma mère ...	mādaram
	مادرم...
J'ai mal ...	... dard dāram
	...درد دارم
à la tête	sar
	سر
à la gorge	galu
	گلو
à l'estomac	me'de
	معده
aux dents	dandān
	دندان
J'ai le vertige.	sargije dāram
	سرگیجه دارم.
Il a de la fièvre.	tab dāram
	تب دارم.
Elle a de la fièvre.	u tab dārad
	او تب دارد.
Je ne peux pas respirer.	nemitavānam nafas bekesam
	نمی توانم نفس بکشم.
J'ai du mal à respirer.	nafaskešidan barāyam saxt ast
	نفس کشیدن برایم سخت است.
Je suis asthmatique.	āsm dāram
	آسم دارم.
Je suis diabétique.	diyābet dāram
	دیابت دارم.

Je ne peux pas dormir.	nemitavānam bexābam
	نمی توانم بخوابم.
intoxication alimentaire	masmumiyat-e qazāyi
	مسمومیت غذایی

Ça fait mal ici.	injāyam dard mikonad
	اینجایم درد میکند.
Aidez-moi!	komak!
	!کمک
Je suis ici!	injā hastam!
	!اینجا هستم
Nous sommes ici!	injā hastim!
	!اینجا هستیم
Sortez-moi d'ici!	man rā az inja xārej konid!
	!من را از اینجا خارج کنید
J'ai besoin d'un docteur.	ehtiyāj be doktor daram
	احتیاج به دکتر دارم.
Je ne peux pas bouger!	nimitavānam tekān boxoram
	نمی توانم تکان بخورم.
Je ne peux pas bouger mes jambes.	nemitavānam pāhāyam ra tekān bedaham
	نمی توانم پاهایم را تکان بدهم.

Je suis blessé /blessée/	zaxmi šodeam
	زخمی شده ام.
Est-ce que c'est sérieux?	jeddi ast?
	جدی است؟
Mes papiers sont dans ma poche.	madārekam dar jibam hastand
	مدارکم در جیبم هستند.
Calmez-vous!	ārām bāšid!
	!آرام باشید
Puis-je utiliser votre téléphone?	mitavānam az telefon-e šomā estefāde konam?
	می توانم از تلفن شما استفاده کنم؟

Appelez une ambulance!	āmbulāns xabar konid!
	!آمبولانس خبر کنید
C'est urgent!	fori ast!
	!فوری است
C'est une urgence!	uržansi ast!
	!اورژانسی است
Dépêchez-vous, s'il vous plaît!	lotfan ajale konid!
	!لطفاً عجله کنید

Appelez le docteur, s'il vous plaît.	lotfan doktor xabar konid
	لطفاً دکتر خبر کنید.
Où est l'hôpital?	bimārestān kojast
	بیمارستان کجاست؟
Comment vous sentez-vous?	hāletān četor ast?
	حالتان چطور است؟

Est-ce que ça va?	hame čiz xub ast?
	همه چیز خوب است؟
Qu'est-il arrivé?	če ettefāqi oftāde ast?
	چه اتفاقی افتاده است؟
Je me sens mieux maintenant.	alān hālam behtar ast
	الان حالم بهتر است.
Ça va. Tout va bien.	hame čiz xub ast
	همه چیز خوب است.
Ça va.	xub hastam
	خوب هستم.

À la pharmacie

pharmacie	dāruxāne
	داروخانه
pharmacie 24 heures	dāruxāne-ye šabāne ruzi
	داروخانه شبانه روزی
Où se trouve la pharmacie la plus proche?	nazdiktarin dāruxāne kojāst?
	نزدیک ترین داروخانه کجاست؟

Est-elle ouverte en ce moment?	alān bāz ast?
	الان باز است؟
À quelle heure ouvre-t-elle?	če sāati bāz mikonad?
	چه ساعتی باز می کند؟
à quelle heure ferme-t-elle?	če sāati mibandad?
	چه ساعتی می بندد؟

C'est loin?	dur ast?
	دور است؟
Est-ce que je peux y aller à pied?	mitavānam piyāde beravam?
	می توانم پیاده بروم؟
Pouvez-vous me le montrer sur la carte?	mitavānid ruye naqše nešānam bedahid?
	می توانید روی نقشه نشانم بدهید؟

Pouvez-vous me donner quelque chose contre ...	mitavānid daruyi barāye ... be man bedahid
	می توانید دارویی برای...به من بدهید

le mal de tête	sar dard
	سر درد
la toux	sorfe
	سرفه
le rhume	sarmā xordegi
	سرماخوردگی
la grippe	grip
	گریپ

la fièvre	tab
	تب
un mal d'estomac	me'de dard
	معده درد
la nausée	tahavvo'
	تهوع
la diarrhée	eshāl
	اسهال
la constipation	yobusat
	یبوست

un mal de dos	pošt dard
	پشت درد
les douleurs de poitrine	sine dard
	سینه درد
les points de côté	pahlu dard
	پهلو درد
les douleurs abdominales	šekam dard
	شکم درد

une pilule	qors
	قرص
un onguent, une crème	pomād, kerem
	پماد کرم
un sirop	šarbat
	شربت
un spray	esperey
	اسپری
les gouttes	qatre
	قطره

Vous devez allez à l'hôpital.	bāyad be bimarestān beravid
	بایدبه بیمارستان بروید.
assurance maladie	bime-ye darmān
	بیمه درمان
prescription	nosxe
	نسخه
produit anti-insecte	made-ye daf'e hašarāt
	ماده دفع حشرات
bandages adhésifs	bāndaž-e časbdār
	باانداژ چسبدار

Les essentiels

Excusez-moi, …	bebaxšid, … ببخشید،....
Bonjour	salām سلام.
Merci	mamnun ممنونم
Au revoir	xodāhāfez خداحافظ.
Oui	bale بله
Non	xeyr خیر
Je ne sais pas.	nemidānam نمی دانم.
Où? | Où? | Quand?	kojā? | kojā? | key? کی؟ | کجا؟ | کجا؟
J'ai besoin de …	be … ehtiyāj dāram به...احتیاج دارم
Je veux …	mixāham … ...می خواهم
Avez-vous … ?	āyā … dārid? آیا...دارید؟
Est-ce qu'il y a … ici?	āyā injā … hast? آیا اینجا ...هست؟
Puis-je … ?	mitavānam …? می توانم...؟
s'il vous plaît (pour une demande)	lotfan لطفاً
Je cherche …	donbāl-e … migardam دنبال...می گردم.
les toilettes	tuālet توالت
un distributeur	xodpardāz خودپرداز
une pharmacie	dāruxāne داروخانه
l'hôpital	bimārestān بیمارستان
le commissariat de police	edāre-ye polis اداره پلیس
une station de métro	istgāh-e metro ایستگاه مترو

un taxi	tāksi
	تاکسی
la gare	istgāh-e qatār
	ایستگاه قطار

Je m'appelle ...	esm-e man ... ast
	اسم من...است.
Comment vous appelez-vous?	esm-e šomā čist?
	اسم شما چیست؟
Aidez-moi, s'il vous plaît.	lotfan mitavānid komakam konid?
	لطفاً می توانید کمکم کنید؟
J'ai un problème.	yek moškel dāram
	یک مشکل دارم.
Je ne me sens pas bien.	hālam xub nist
	حالم خوب نیست.
Appelez une ambulance!	āmbulāns xabar konid!
	!آمبولانس خبر کنید
Puis-je faire un appel?	mitavānam yek telefon bezanam?
	می توانم یک تلفن بزنم؟

Excusez-moi.	ma'zerat mixāham
	معذرت می خواهم.
Je vous en prie.	xāheš mikonam
	خواهش می کنم.

je, moi	man
	من
tu, toi	to
	تو
il	u
	او
elle	u
	او
ils	an-hā
	آنها
elles	an-hā
	آنها
nous	mā
	ما
vous	šomā
	شما
Vous	šomā
	شما

ENTRÉE	vorudi
	ورودی
SORTIE	xoruji
	خروجی
HORS SERVICE	EN PANNE	xarāb
	خراب
FERMÉ	baste
	بسته

OUVERT	bāz
	باز
POUR LES FEMMES	zanāne
	زنانه
POUR LES HOMMES	mardāne
	مردانه

DICTIONNAIRE CONCIS

Cette section contient plus
de 1500 mots les plus utilisés.
Le dictionnaire inclut beaucoup
de termes gastronomiques
et peut être utile lorsque
vous faites le marché
ou commandez des plats
au restaurant

T&P Books Publishing

CONTENU DU DICTIONNAIRE

T&P Books Publishing

T&P Books Publishing

temps (m)	zamãn	زمان
heure (f)	sã'at	ساعت
demi-heure (f)	nim sã'at	نیم ساعت
minute (f)	daqiqe	دقیقه
seconde (f)	sãnie	ثانیه
aujourd'hui (adv)	emruz	امروز
demain (adv)	fardã	فردا
hier (adv)	diruz	دیروز
lundi (m)	došanbe	دوشنبه
mardi (m)	se šanbe	سه شنبه
mercredi (m)	čãhãršanbe	چهارشنبه
jeudi (m)	panj šanbe	پنج شنبه
vendredi (m)	jom'e	جمعه
samedi (m)	šanbe	شنبه
dimanche (m)	yek šanbe	یک شنبه
jour (m)	ruz	روز
jour (m) ouvrable	ruz-e kãri	روز کاری
jour (m) férié	ruz-e jašn	روز جشن
week-end (m)	ãxar-e hafte	آخر هفته
semaine (f)	hafte	هفته
la semaine dernière	hafte-ye gozašte	هفته گذشته
la semaine prochaine	hafte-ye ãyande	هفته آینده
lever (m) du soleil	tolu-'e ãftãb	طلوع آفتاب
coucher (m) du soleil	qorub	غروب
le matin	sobh	صبح
dans l'après-midi	ba'd az zohr	بعد ازظهر
le soir	asr	عصر
ce soir	emšab	امشب
la nuit	šab	شب
minuit (f)	nesfe šab	نصفه شب
janvier (m)	žãnvie	ژانویه
février (m)	fevriye	فوریه
mars (m)	mãrs	مارس
avril (m)	ãvril	آوریل
mai (m)	meh	مه
juin (m)	žuan	ژوئن
juillet (m)	žuiye	ژوئیه
août (m)	owt	اوت

septembre (m)	septāmbr	سپتامبر
octobre (m)	oktobr	اکتبر
novembre (m)	novāmbr	نوامبر
décembre (m)	desāmr	دسامبر
au printemps	dar bahār	در بهار
en été	dar tābestān	در تابستان
en automne	dar pāyiz	در پاییز
en hiver	dar zemestān	در زمستان
mois (m)	māh	ماه
saison (f)	fasl	فصل
année (f)	sāl	سال
siècle (m)	qarn	قرن

2. Nombres. Adjectifs numéraux

chiffre (m)	raqam	رقم
nombre (m)	adad	عدد
moins (m)	manfi	منفی
plus (m)	mosbat	مثبت
somme (f)	jam'-e kol	جمع کل
premier (adj)	avvalin	اولین
deuxième (adj)	dovvomin	دومین
troisième (adj)	sevvomin	سومین
zéro	sefr	صفر
un	yek	یک
deux	do	دو
trois	se	سه
quatre	čāhār	چهار
cinq	panj	پنج
six	šeš	شش
sept	haft	هفت
huit	hašt	هشت
neuf	neh	نه
dix	dah	ده
onze	yāzdah	یازده
douze	davāzdah	دوازده
treize	sizdah	سیزده
quatorze	čāhārdah	چهارده
quinze	pānzdah	پانزده
seize	šānzdah	شانزده
dix-sept	hefdah	هفده
dix-huit	hijdah	هیجده
dix-neuf	nuzdah	نوزده

vingt	bist	بیست
trente	si	سی
quarante	čehel	چهل
cinquante	panjāh	پنجاه

soixante	šast	شصت
soixante-dix	haftād	هفتاد
quatre-vingts	haštād	هشتاد
quatre-vingt-dix	navad	نود
cent	sad	صد
deux cents	devist	دویست
trois cents	sisad	سیصد
quatre cents	čāhārsad	چهارصد
cinq cents	pānsad	پانصد

six cents	šešsad	ششصد
sept cents	haftsad	هفتصد
huit cents	haštsad	هشتصد
neuf cents	nohsad	نهصد
mille	hezār	هزار

dix mille	dah hezār	ده هزار
cent mille	sad hezār	صد هزار
million (m)	milyun	میلیون
milliard (m)	milyārd	میلیارد

3. L'être humain. La famille

homme (m)	mard	مرد
jeune homme (m)	mard-e javān	مرد جوان
adolescent (m)	nowjavān	نوجوان
femme (f)	zan	زن
jeune fille (f)	doxtar	دختر

âge (m)	sen	سن
adulte (m)	bāleq	بالغ
d'âge moyen (adj)	miyānsāl	میانسال
âgé (adj)	sālmand	سالمند
vieux (adj)	mosen	مسن

vieillard (m)	pirmard	پیرمرد
vieille femme (f)	pirzan	پیرزن
retraite (f)	mostamerri	مستمری
prendre sa retraite	bāznešaste šodan	بازنشسته شدن
retraité (m)	bāznešaste	بازنشسته

mère (f)	mādar	مادر
père (m)	pedar	پدر
fils (m)	pesar	پسر
fille (f)	doxtar	دختر

frère (m)	barādar	برادر
frère (m) aîné	barādar-e bozorg	برادر بزرگ
frère (m) cadet	barādar-e kučak	برادر کوچک
sœur (f)	xāhar	خواهر
sœur (f) aînée	xāhar-e bozorg	خواهر بزرگ
sœur (f) cadette	xāhar-e kučak	خواهر کوچک

parents (m pl)	vāledeyn	والدین
enfant (m, f)	kudak	کودک
enfants (pl)	bače-hā	بچه ها
belle-mère (f)	nāmādari	نامادری
beau-père (m)	nāpedari	ناپدری

grand-mère (f)	mādarbozorg	مادربزرگ
grand-père (m)	pedar-bozorg	پدربزرگ
petit-fils (m)	nave	نوه
petite-fille (f)	nave	نوه
petits-enfants (pl)	nave-hā	نوه ها

oncle (m)	amu	عمو
tante (f)	xāle yā amme	خاله یا عمه
neveu (m)	barādar-zāde	برادرزاده
nièce (f)	xāhar-zāde	خواهرزاده

femme (f)	zan	زن
mari (m)	šowhar	شوهر
marié (adj)	mote'ahhel	متاهل
mariée (adj)	mote'ahhel	متاهل
veuve (f)	bive zan	بیوه زن
veuf (m)	bive	بیوه

prénom (m)	esm	اسم
nom (m) de famille	nām-e xānevādegi	نام خانوادگی

parent (m)	xišāvand	خویشاوند
ami (m)	dust	دوست
amitié (f)	dusti	دوستی

partenaire (m)	šarik	شریک
supérieur (m)	ra'is	رئیس
collègue (m, f)	hamkār	همکار
voisins (m pl)	hamsāye-hā	همسایه ها

4. Le corps humain. L'anatomie

organisme (m)	orgānism	ارگانیسم
corps (m)	badan	بدن
cœur (m)	qalb	قلب
sang (m)	xun	خون
cerveau (m)	maqz	مغز

nerf (m)	asab	عصب
os (m)	ostexān	استخوان
squelette (f)	eskelet	اسكلت
colonne (f) vertébrale	sotun-e faqarāt	ستون فقرات
côte (f)	dande	دنده
crâne (m)	jomjome	جمجمه

muscle (m)	azole	عضله
poumons (m pl)	rie	ريه
peau (f)	pust	پوست

tête (f)	sar	سر
visage (m)	surat	صورت
nez (m)	bini	بينى
front (m)	pišāni	پيشانى
joue (f)	gune	گونه
bouche (f)	dahān	دهان
langue (f)	zabān	زبان
dent (f)	dandān	دندان
lèvres (f pl)	lab-hā	لب ها
menton (m)	čāne	چانه

oreille (f)	guš	گوش
cou (m)	gardan	گردن
gorge (f)	galu	گلو

œil (m)	češm	چشم
pupille (f)	mardomak	مردمک
sourcil (m)	abru	ابرو
cil (m)	može	مژه

cheveux (m pl)	mu-hā	مو ها
coiffure (f)	model-e mu	مدل مو
moustache (f)	sebil	سبيل
barbe (f)	riš	ريش
porter (~ la barbe)	gozāštan	گذاشتن
chauve (adj)	tās	طاس

main (f)	dast	دست
bras (m)	bāzu	بازو
doigt (m)	angošt	انگشت
ongle (m)	nāxon	ناخن
paume (f)	kaf-e dast	كف دست

épaule (f)	ketf	كتف
jambe (f)	pā	پا
pied (m)	pā	پا
genou (m)	zānu	زانو
talon (m)	pāšne-ye pā	پاشنۀ پا

| dos (m) | pošt | پشت |
| taille (f) (~ de guêpe) | dur-e kamar | دور كمر |

| grain (m) de beauté | xāl | خال |
| tache (f) de vin | xāl-e mādarzād | خال مادرزاد |

5. Les maladies. Les médicaments

santé (f)	salāmati	سلامتی
en bonne santé	sālem	سالم
maladie (f)	bimāri	بیماری
être malade	bimār budan	بیمار بودن
malade (adj)	bimār	بیمار

refroidissement (m)	sarmā xordegi	سرما خوردگی
prendre froid	sarmā xordan	سرما خوردن
angine (f)	varam-e lowze	ورم لوزه
pneumonie (f)	zātorrie	ذات الریه
grippe (f)	ānfolānzā	آنفولانزا

rhume (m) (coryza)	āb-e rizeš-e bini	آب ریزش بینی
toux (f)	sorfe	سرفه
tousser (vi)	sorfe kardan	سرفه کردن
éternuer (vi)	atse kardan	عطسه کردن

insulte (f)	sekte-ye maqzi	سکته مغزی
crise (f) cardiaque	sekte-ye qalbi	سکته قلبی
allergie (f)	ālerži	آلرژی
asthme (m)	āsm	آسم
diabète (m)	diyābet	دیابت

tumeur (f)	tumor	تومور
cancer (m)	saratān	سرطان
alcoolisme (m)	alkolism	الکلیسم
SIDA (m)	eydz	ایدز
fièvre (f)	tab	تب
mal (m) de mer	daryā-zadegi	دریازدگی

bleu (m)	kabudi	کبودی
bosse (f)	barāmadegi	برآمدگی
boiter (vi)	langidan	لنگیدن
foulure (f)	dar raftegi	دررفتگی
se démettre (l'épaule, etc.)	dar raftan	دررفتن

fracture (f)	šekastegi	شکستگی
brûlure (f)	suxtegi	سوختگی
blessure (f)	zaxm	زخم
douleur (f)	dard	درد
mal (m) de dents	dandān-e dard	دندان درد

suer (vi)	araq kardan	عرق کردن
sourd (adj)	kar	کر
muet (adj)	lāl	لال

immunité (f)	masuniyat	مصونیت
virus (m)	virus	ویروس
microbe (m)	mikrob	میکروب
bactérie (f)	bākteri	باکتری
infection (f)	ofunat	عفونت
hôpital (m)	bimārestān	بیمارستان
cure (f) (faire une ~)	mo'āleje	معالجه
vacciner (vt)	vāksine kardan	واکسینه کردن
être dans le coma	dar komā budan	در کما بودن
réanimation (f)	morāqebat-e viže	مراقبت ویژه
symptôme (m)	alāem-e bimāri	علائم بیماری
pouls (m)	nabz	نبض

6. Les sensations. Les émotions. La communication

je	man	من
tu	to	تو
il, elle, ça	u	او
nous	mā	ما
vous	šomā	شما
ils, elles	ān-hā	آنها
Bonjour! (form.)	salām	سلام
Bonjour! (le matin)	sobh bexeyr	صبح بخیر
Bonjour! (après-midi)	ruz bexeyr!	روز بخیر!
Bonsoir!	asr bexeyr	عصربخیر
dire bonjour	salām kardan	سلام کردن
saluer (vt)	salām kardan	سلام کردن
Comment allez-vous?	haletān četowr ast?	حالتان چطور است؟
Comment ça va?	četorid?	چطورید؟
Au revoir! (form.)	xodāhāfez	خداحافظ
Au revoir! (fam.)	bāy bāy	بای بای
Merci!	motešakker-am!	متشکرم!
sentiments (m pl)	ehsāsat	احساسات
avoir faim	gorosne budan	گرسنه بودن
avoir soif	tešne budan	تشنه بودن
fatigué (adj)	xaste	خسته
s'inquiéter (vp)	negarān šodan	نگران شدن
s'énerver (vp)	asabi šodan	عصبی شدن
espoir (m)	omid	امید
espérer (vi)	omid dāštan	امید داشتن
caractère (m)	šaxsiyat	شخصیت
modeste (adj)	forutan	فروتن
paresseux (adj)	tanbal	تنبل

| généreux (adj) | ba sexāvat | با سخاوت |
| doué (adj) | bā este'dād | با استعداد |

honnête (adj)	sādeq	صادق
sérieux (adj)	jeddi	جدی
timide (adj)	xejālati	خجالتی
sincère (adj)	sādeq	صادق
peureux (m)	tarsu	ترسو

dormir (vi)	xābidan	خوابيدن
rêve (m)	royā	رويا
lit (m)	taxt-e xāb	تخت خواب
oreiller (m)	bālešt	بالشت

insomnie (f)	bi-xābi	بیخوابی
aller se coucher	be raxtexāb raftan	به رختخواب رفتن
cauchemar (m)	kābus	كابوس
réveil (m)	sā'at-e zang dār	ساعت زنگ دار

sourire (m)	labxand	لبخند
sourire (vi)	labxand zadan	لبخند زدن
rire (vi)	xandidan	خنديدن

dispute (f)	da'vā	دعوا
insulte (f)	towhin	توهين
offense (f)	ranješ	رنجش
fâché (adj)	xašmgin	خشمگين

7. Les vêtements. Les accessoires personnels

vêtement (m)	lebās	لباس
manteau (m)	pāltow	پالتو
manteau (m) de fourrure	pālto-ye pustin	پالتوی پوستين
veste (f) (~ en cuir)	kot	كت
imperméable (m)	bārāni	بارانی
chemise (f)	pirāhan	پيراهن
pantalon (m)	šalvār	شلوار
veston (m)	kot	كت
complet (m)	kat-o šalvār	كت و شلوار

robe (f)	lebās	لباس
jupe (f)	dāman	دامن
tee-shirt (m)	tey šarr-at	تی شرت
peignoir (m) de bain	howle-ye hamām	حوله حمام
pyjama (m)	pižāme	پيژامه
tenue (f) de travail	lebās-e kār	لباس كار

sous-vêtements (m pl)	lebās-e zir	لباس زير
chaussettes (f pl)	jurāb	جوراب
soutien-gorge (m)	sine-ye band	سينه بند

collants (m pl)	jurāb-e šalvāri	جوراب شلواری
bas (m pl)	jurāb-e sāqeboland	جوراب ساقه بلند
maillot (m) de bain	māyo	مایو

chapeau (m)	kolāh	کلاه
chaussures (f pl)	kafš	کفش
bottes (f pl)	čakme	چکمه
talon (m)	pāšne-ye kafš	پاشنهٔ کفش
lacet (m)	band-e kafš	بند کفش
cirage (m)	vāks	واکس

coton (m)	panbe	پنبه
laine (f)	pašm	پشم
fourrure (f)	xaz	خز

gants (m pl)	dastkeš	دستکش
moufles (f pl)	dastkeš-e yek angošti	دستکش یک انگشتی
écharpe (f)	šāl-e gardan	شال گردن
lunettes (f pl)	eynak	عینک
parapluie (m)	čatr	چتر

cravate (f)	kerāvāt	کراوات
mouchoir (m)	dastmāl	دستمال
peigne (m)	šāne	شانه
brosse (f) à cheveux	bores-e mu	برس مو
boucle (f)	sagak	سگک
ceinture (f)	kamarband	کمربند
sac (m) à main	keyf-e zanāne	کیف زنانه

col (m)	yaqe	یقه
poche (f)	jib	جیب
manche (f)	āstin	آستین
braguette (f)	zip	زیپ

fermeture (f) à glissière	zip	زیپ
bouton (m)	dokme	دکمه
se salir (vp)	kasif šodan	کثیف شدن
tache (f)	lakke	لکه

8. La ville. Les établissements publics

magasin (m)	maqāze	مغازه
centre (m) commercial	markaz-e tejāri	مرکز تجاری
supermarché (m)	supermārket	سوپرمارکت
magasin (m) de chaussures	kafš foruši	کفش فروشی
librairie (f)	ketāb-foruši	کتاب فروشی

pharmacie (f)	dāruxāne	داروخانه
boulangerie (f)	nānvāyi	نانوایی
pâtisserie (f)	qannādi	قنادی

épicerie (f)	baqqāli	بقالی
boucherie (f)	gušt foruši	گوشت فروشی
magasin (m) de légumes	sabzi foruši	سبزی فروشی
marché (m)	bāzār	بازار
salon (m) de coiffure	ārāyešgāh	آرایشگاه
poste (f)	post	پست
pressing (m)	xošk-šuyi	خشک‌شویی
cirque (m)	sirak	سیرک
zoo (m)	bāq-e vahš	باغ وحش
théâtre (m)	teātr	تئاتر
cinéma (m)	sinamā	سینما
musée (m)	muze	موزه
bibliothèque (f)	ketābxāne	کتابخانه
mosquée (f)	masjed	مسجد
synagogue (f)	kenešt	کنشت
cathédrale (f)	kelisā-ye jāme'	کلیسای جامع
temple (m)	ma'bad	معبد
église (f)	kelisā	کلیسا
institut (m)	anistito	انستیتو
université (f)	dānešgāh	دانشگاه
école (f)	madrese	مدرسه
hôtel (m)	hotel	هتل
banque (f)	bānk	بانک
ambassade (f)	sefārat	سفارت
agence (f) de voyages	āžāns-e jahāngardi	آژانس جهانگردی
métro (m)	metro	مترو
hôpital (m)	bimārestān	بیمارستان
station-service (f)	pomp-e benzin	پمپ بنزین
parking (m)	pārking	پارکینگ
ENTRÉE	vorud	ورود
SORTIE	xoruj	خروج
POUSSER	hel dādan	هل دادن
TIRER	bekešid	بکشید
OUVERT	bāz	باز
FERMÉ	baste	بسته
monument (m)	mojassame	مجسمه
forteresse (f)	qal'e	قلعه
palais (m)	kāx	کاخ
médiéval (adj)	qorun-e vasati	قرون وسطی
ancien (adj)	qadimi	قدیمی
national (adj)	melli	ملی
connu (adj)	mašhur	مشهور

9. L'argent. Les finances

argent (m)	pul	پول
monnaie (f)	sekke	سکه
dollar (m)	dolãr	دلار
euro (m)	yuro	یورو
distributeur (m)	xodpardãz	خودپرداز
bureau (m) de change	sarrãfi	صرافی
cours (m) de change	nerx-e arz	نرخ ارز
espèces (f pl)	pul-e naqd	پول نقد
Combien?	čeqadr?	چقدر؟
payer (régler)	pardãxtan	پرداختن
paiement (m)	pardãxt	پرداخت
monnaie (f) (rendre la ~)	pul-e xerad	پول خرد
prix (m)	qeymat	قیمت
rabais (m)	taxfif	تخفیف
bon marché (adj)	arzãn	ارزان
cher (adj)	gerãn	گران
banque (f)	bãnk	بانک
compte (m)	hesãb-e bãnki	حساب بانکی
carte (f) de crédit	kãrt-e e'tebãri	کارت اعتباری
chèque (m)	ček	چک
faire un chèque	ček neveštan	چک نوشتن
chéquier (m)	daste-ye ček	دسته چک
dette (f)	qarz	قرض
débiteur (m)	bedehkãr	بدهکار
prêter (vt)	qarz dãdan	قرض دادن
emprunter (vt)	qarz gereftan	قرض گرفتن
louer (une voiture, etc.)	kerãye kardan	کرایه کردن
à crédit (adv)	xarid-e e'tebãri	خرید اعتباری
portefeuille (m)	kif-e pul	کیف پول
coffre fort (m)	gãvsanduq	گاوصندوق
héritage (m)	mirãs	میراث
fortune (f)	dãrãyi	دارایی
impôt (m)	mãliyãt	مالیات
amende (f)	jarime	جریمه
mettre une amende	jarime kardan	جریمه کردن
en gros (adj)	omde	عمده
au détail (adj)	xorde-foruši	خرده فروشی
assurer (vt)	bime kardan	بیمه کردن
assurance (f)	bime	بیمه
capital (m)	sarmãye	سرمایه
chiffre (m) d'affaires	gardeš mo'ãmelãt	گردش معاملات

action (f)	sahām	سهام
profit (m)	sud	سود
profitable (adj)	sudāvar	سودآور

crise (f)	bohrān	بحران
faillite (f)	varšekastegi	ورشکستگی
faire faillite	varšekast šodan	ورشکست شدن

comptable (m)	hesābdār	حسابدار
salaire (m)	hoquq	حقوق
prime (f)	pādāš	پاداش

10. Les transports

autobus (m)	otobus	اتوبوس
tramway (m)	terāmvā	تراموا
trolleybus (m)	otobus-e barqi	اتوبوس برقی

prendre ...	raftan bā	رفتن با
monter (dans l'autobus)	savār šodan	سوار شدن
descendre de ...	piyāde šodan	پیاده شدن

arrêt (m)	istgāh-e otobus	ایستگاه اتوبوس
terminus (m)	istgāh-e āxar	ایستگاه آخر
horaire (m)	barnāme	برنامه
ticket (m)	belit	بلیط
être en retard	ta'xir dāštan	تأخیرداشتن

taxi (m)	tāksi	تاکسی
en taxi	bā tāksi	با تاکسی
arrêt (m) de taxi	istgāh-e tāksi	ایستگاه تاکسی

trafic (m)	obur-o morur	عبور و مرور
heures (f pl) de pointe	sā'at-e šoluqi	ساعت شلوغی
se garer (vp)	pārk kardan	پارک کردن

métro (m)	metro	مترو
station (f)	istgāh	ایستگاه
train (m)	qatār	قطار
gare (f)	istgāh-e rāh-e āhan	ایستگاه راه آهن
rails (m pl)	reyl-hā	ریل ها
compartiment (m)	kupe	کوپه
couchette (f)	taxt-e kupe	تخت کوپه

avion (m)	havāpeymā	هواپیما
billet (m) d'avion	belit-e havāpeymā	بلیط هواپیما
compagnie (f) aérienne	šerkat-e havāpeymāyi	شرکت هواپیمایی
aéroport (m)	forudgāh	فرودگاه
vol (m) (~ d'oiseau)	parvāz	پرواز
bagage (m)	bār	بار

chariot (m)	čarx-e hamle bar	چرخ حمل بار
bateau (m)	kešti	کشتی
bateau (m) de croisière	kešti-ye tafrihi	کشتی تفریحی
yacht (m)	qāyeq-e tafrihi	قایق تفریحی
canot (m) à rames	qāyeq	قایق
capitaine (m)	kāpitān	کاپیتان
cabine (f)	otāq-e kešti	اتاق کشتی
port (m)	bandar	بندر
vélo (m)	dočarxe	دوچرخه
scooter (m)	eskuter	اسکوتر
moto (f)	motorsiklet	موتورسیکلت
pédale (f)	pedāl	پدال
pompe (f)	pomp	پمپ
roue (f)	čarx	چرخ
automobile (f)	otomobil	اتومبیل
ambulance (f)	āmbolāns	آمبولانس
camion (m)	kāmiyon	کامیون
d'occasion (adj)	dast-e dovvom	دست دوم
accident (m) de voiture	tasādof	تصادف
réparation (f)	ta'mir	تعمیر

11. Les produits alimentaires. Partie 1

viande (f)	gušt	گوشت
poulet (m)	morq	مرغ
canard (m)	ordak	اردک
du porc	gušt-e xuk	گوشت خوک
du veau	gušt-e gusāle	گوشت گوساله
du mouton	gušt-e gusfand	گوشت گوسفند
du bœuf	gušt-e gāv	گوشت گاو
saucisson (m)	kālbās	کالباس
œuf (m)	toxm-e morq	تخم مرغ
poisson (m)	māhi	ماهی
fromage (m)	panir	پنیر
sucre (m)	qand	قند
sel (m)	namak	نمک
riz (m)	berenj	برنج
pâtes (m pl)	mākāroni	ماکارونی
beurre (m)	kare	کره
huile (f) végétale	rowqan-e nabāti	روغن نباتی
pain (m)	nān	نان
chocolat (m)	šokolāt	شکلات
vin (m)	šarāb	شراب
café (m)	qahve	قهوه

lait (m)	šir	شیر
jus (m)	āb-e mive	آب میوه
bière (f)	ābejow	آبجو
thé (m)	čāy	چای

tomate (f)	gowje farangi	گوجه فرنگی
concombre (m)	xiyār	خیار
carotte (f)	havij	هویج
pomme (f) de terre	sib zamini	سیب زمینی
oignon (m)	piyāz	پیاز
ail (m)	sir	سیر

chou (m)	kalam	کلم
betterave (f)	čoqondar	چغندر
aubergine (f)	bādenjān	بادنجان
fenouil (m)	šavid	شوید
laitue (f) (salade)	kāhu	کاهو
maïs (m)	zorrat	ذرت

fruit (m)	mive	میوه
pomme (f)	sib	سیب
poire (f)	golābi	گلابی
citron (m)	limu	لیمو
orange (f)	porteqāl	پرتقال
fraise (f)	tut-e farangi	توت فرنگی

prune (f)	ālu	آلو
framboise (f)	tamešk	تمشک
ananas (m)	ānānās	آناناس
banane (f)	mowz	موز
pastèque (f)	hendevāne	هندوانه
raisin (m)	angur	انگور
melon (m)	xarboze	خربزه

12. Les produits alimentaires. Partie 2

cuisine (f)	qazā	غذا
recette (f)	dastur-e poxt	دستور پخت
nourriture (f)	qazā	غذا

prendre le petit déjeuner	sobhāne xordan	صبحانه خوردن
déjeuner (vi)	nāhār xordan	ناهار خوردن
dîner (vi)	šām xordan	شام خوردن

goût (m)	maze	مزه
bon (savoureux)	xoš mazze	خوش مزه
froid (adj)	sard	سرد
chaud (adj)	dāq	داغ
sucré (adj)	širin	شیرین
salé (adj)	šur	شور

sandwich (m)	sāndevič	ساندویچ
garniture (f)	moxallafāt	مخلفات
garniture (f)	čāšni	چاشنی
sauce (f)	ses	سس
morceau (m)	tekke	تکه
régime (m)	režim	رژیم
vitamine (f)	vitāmin	ویتامین
calorie (f)	kālori	کالری
végétarien (m)	giyāh xār	گیاه خوار
restaurant (m)	resturān	رستوران
salon (m) de café	kāfe	کافه
appétit (m)	eštehā	اشتها
Bon appétit!	nuš-e jān	نوش جان
serveur (m)	pišxedmat	پیشخدمت
serveuse (f)	pišxedmat	پیشخدمت
barman (m)	motesaddi-ye bār	متصدی بار
carte (f)	meno	منو
cuillère (f)	qāšoq	قاشق
couteau (m)	kārd	کارد
fourchette (f)	čangāl	چنگال
tasse (f)	fenjān	فنجان
assiette (f)	bošqāb	بشقاب
soucoupe (f)	na'lbeki	نعلبکی
serviette (f)	dastmāl	دستمال
cure-dent (m)	xelāl-e dandān	خلال دندان
commander (vt)	sefāreš dādan	سفارش دادن
plat (m)	qazā	غذا
portion (f)	pors	پرس
hors-d'œuvre (m)	piš qazā	پیش غذا
salade (f)	sālād	سالاد
soupe (f)	sup	سوپ
dessert (m)	deser	دسر
confiture (f)	morabbā	مربا
glace (f)	bastani	بستنی
addition (f)	surat hesāb	صورت حساب
régler l'addition	surat-e hesāb rā pardāxtan	صورت حساب را پرداختن
pourboire (m)	an'ām	انعام

13. La maison. L'appartement. Partie 1

maison (f)	xāne	خانه
maison (f) de campagne	xāne-ye xārej-e šahr	خانۀ خارج شهر

villa (f)	vilā	ویلا
étage (m)	tabaqe	طبقه
entrée (f)	darb-e vorudi	درب ورودی
mur (m)	divār	دیوار
toit (m)	bām	بام
cheminée (f)	dudkeš	دودکش
grenier (m)	zir-širvāni	زیرشیروانی
fenêtre (f)	panjere	پنجره
rebord (m)	tāqče-ye panjare	طاقچهٔ پنجره
balcon (m)	bālkon	بالکن
escalier (m)	pellekān	پلکان
boîte (f) à lettres	sanduq-e post	صندوق پست
poubelle (f) d'extérieur	zobāle dān	زباله دان
ascenseur (m)	āsānsor	آسانسور
électricité (f)	barq	برق
ampoule (f)	lāmp	لامپ
interrupteur (m)	kelid	کلید
prise (f)	periz	پریز
fusible (m)	fiyuz	فیوز
porte (f)	darb	درب
poignée (f)	dastgire-ye dar	دستگیرهٔ در
clé (f)	kelid	کلید
paillasson (m)	pādari	پادری
serrure (f)	qofl	قفل
sonnette (f)	zang-e dar	زنگ در
coups (m pl) à la porte	dar zadan	درزدن
frapper (~ à la porte)	dar zadan	درزدن
judas (m)	češmi	چشمی
cour (f)	hayāt	حیاط
jardin (m)	bāq	باغ
piscine (f)	estaxr	استخر
salle (f) de gym	sālon-e varzeš	سالن ورزش
court (m) de tennis	zamin-e tenis	زمین تنیس
garage (m)	gārāž	گاراژ
propriété (f) privée	melk-e xosusi	ملک خصوصی
panneau d'avertissement	alāmat-e hošdār	علامت هشدار
sécurité (f)	hefāzat	حفاظت
agent (m) de sécurité	negahbān	نگهبان
rénovation (f)	ta'mir	تعمیر
faire la rénovation	ta'mir kardan	تعمیر کردن
remettre en ordre	morattab kardan	مرتب کردن
peindre (des murs)	rang kardan	رنگ کردن
papier (m) peint	kāqaz-e divāri	کاغذ دیواری
vernir (vt)	lāk zadan	لاک زدن

tuyau (m)	lule	لوله
outils (m pl)	abzār	ابزار
sous-sol (m)	zirzamin	زیرزمین
égouts (m pl)	fāzelāb	فاضلاب

14. La maison. L'appartement. Partie 2

appartement (m)	āpārtemān	آپارتمان
chambre (f)	otāq	اتاق
chambre (f) à coucher	otāq-e xāb	اتاق خواب
salle (f) à manger	otāq-e qazāxori	اتاق غذاخوری

salon (m)	mehmānxāne	مهمانخانه
bureau (m)	daftar	دفتر
antichambre (f)	tālār-e vorudi	تالار ورودی
salle (f) de bains	hammām	حمام
toilettes (f pl)	tuālet	توالت

| plancher (m) | kaf | کف |
| plafond (m) | saqf | سقف |

essuyer la poussière	gardgiri kardan	گردگیری کردن
aspirateur (m)	jāru barqi	جارو برقی
passer l'aspirateur	jāru barq-i kešidan	جارو برقی کشیدن

balai (m) à franges	jāru-ye dastedār	جاروی دسته دار
torchon (m)	kohne	کهنه
balayette (f) de sorgho	jārub	جاروب
pelle (f) à ordures	xāk andāz	خاک انداز
meubles (m pl)	mobl	مبل
table (f)	miz	میز
chaise (f)	sandali	صندلی
fauteuil (m)	mobl-e rāhati	مبل راحتی

bibliothèque (f) (meuble)	qafase-ye ketāb	قفسه کتاب
rayon (m)	qafase	قفسه
armoire (f)	komod	کمد

miroir (m)	āyene	آینه
tapis (m)	farš	فرش
cheminée (f)	šumine	شومینه
rideaux (m pl)	parde	پرده
lampe (f) de table	čerāq-e rumizi	چراغ رومیزی
lustre (m)	luster	لوستر

cuisine (f)	āšpazxāne	آشپزخانه
cuisinière (f) à gaz	ojāgh-e gāz	اجاق گاز
cuisinière (f) électrique	ojāgh-e barghi	اجاق برقی
four (m) micro-ondes	māykrofer	مایکروفر
réfrigérateur (m)	yaxčāl	یخچال

congélateur (m)	fereyzer	فریزر
lave-vaisselle (m)	mãšin-e zarfšuyi	ماشین ظرفشویی
robinet (m)	šir	شیر

hachoir (m) à viande	čarx-e gušt	چرخ گوشت
centrifugeuse (f)	ãbmive giri	آبمیوه گیری
grille-pain (m)	towster	توستر
batteur (m)	maxlut kon	مخلوط کن

machine (f) à café	qahve sãz	قهوه ساز
bouilloire (f)	ketri	کتری
théière (f)	quri	قوری

téléviseur (m)	televiziyon	تلویزیون
magnétoscope (m)	video	ویدئو
fer (m) à repasser	oto	اتو
téléphone (m)	telefon	تلفن

15. Les occupations. Le statut social

directeur (m)	modir	مدیر
supérieur (m)	mãfowq	مافوق
président (m)	ra'is jomhur	رئیس جمهور
assistant (m)	mo'ãven	معاون
secrétaire (m, f)	monši	منشی

propriétaire (m)	sãheb	صاحب
partenaire (m)	šarik	شریک
actionnaire (m)	sahãmdãr	سهامدار

homme (m) d'affaires	bãzargãn	بازرگان
millionnaire (m)	milyuner	میلیونر
milliardaire (m)	milyãrder	میلیاردر

acteur (m)	bãzigar	بازیگر
architecte (m)	me'mãr	معمار
banquier (m)	kãrmand-e bãnk	کارمند بانک
courtier (m)	dallãl-e kãrgozãr	دلال کارگزار
vétérinaire (m)	dãmpezešk	دامپزشک
médecin (m)	pezešk	پزشک
femme (f) de chambre	mostaxdem	مستخدم
designer (m)	tarãh	طراح
correspondant (m)	xabarnegãr	خبرنگار
livreur (m)	peyk	پیک

électricien (m)	barq-e kãr	برق کار
musicien (m)	muzisiyan	موزیسین
baby-sitter (m, f)	parastãr bače	پرستار بچه
coiffeur (m)	ãrãyešgar	آرایشگر
berger (m)	čupãn	چوپان

chanteur (m)	xānande	خواننده
traducteur (m)	motarjem	مترجم
écrivain (m)	nevisande	نویسنده
charpentier (m)	najjār	نجار
cuisinier (m)	āšpaz	آشپز

pompier (m)	ātaš nešān	آتش نشان
policier (m)	polis	پلیس
facteur (m)	nāme resān	نامه رسان
programmeur (m)	barnāme-ye nevis	برنامه نویس
vendeur (m)	forušande	فروشنده

ouvrier (m)	kārgar	کارگر
jardinier (m)	bāqbān	باغبان
plombier (m)	lule keš	لوله کش
stomatologue (m)	dandān pezešk	دندان پزشک
hôtesse (f) de l'air	mehmāndār-e havāpeymā	مهماندار هواپیما

danseur (m)	raqqās	رقاص
garde (m) du corps	mohāfez-e šaxsi	محافظ شخصی
savant (m)	dānešmand	دانشمند
professeur (m)	mo'allem	معلم

fermier (m)	kešāvarz	کشاورز
chirurgien (m)	jarrāh	جراح
mineur (m)	ma'danči	معدنچی
cuisinier (m) en chef	sarāšpaz	سرآشپز
chauffeur (m)	rānande	راننده

16. Le sport

type (m) de sport	anvā-e varzeš	انواع ورزش
football (m)	futbāl	فوتبال
hockey (m)	hāki	هاکی
basket-ball (m)	basketbāl	بسکتبال
base-ball (m)	beysbāl	بیسبال

volley-ball (m)	vālibāl	والیبال
boxe (f)	boks	بوکس
lutte (f)	kešti	کشتی
tennis (m)	tenis	تنیس
natation (f)	šenā	شنا

échecs (m pl)	šatranj	شطرنج
course (f)	do	دو
athlétisme (m)	varzeš	ورزش
patinage (m) artistique	raqs ruy yax	رقص روی یخ
cyclisme (m)	dočarxe savāri	دوچرخه سواری
billard (m)	bilyārd	بیلیارد
bodybuilding (m)	badansāzi	بدنسازی

golf (m)	golf	گلف
plongée (f)	dāyving	دایوینگ
voile (f)	qāyeq-rāni bādbani	قایق رانی بادبانی
tir (m) à l'arc	tirandāzi bā kamān	تیراندازی با کمان

mi-temps (f)	nime	نیمه
mi-temps (f) (pause)	hāf tāym	هاف تایم
match (m) nul	mosāvi	مساوی
faire match nul	bāzi rā mosāvi kardan	بازی رامساوی کردن

tapis (m) roulant	pist-e do	پیست دو
joueur (m)	bāzikon	بازیکن
remplaçant (m)	bāzikon-e zaxire	بازیکن ذخیره
banc (m) des remplaçants	nimkat-e zaxire	نیمکت ذخیره

match (m)	mosābeqe	مسابقه
but (m)	darvāze	دروازه
gardien (m) de but	darvāze bān	دروازه بان
but (m)	gol	گل

Jeux (m pl) olympiques	bāzihā-ye olampik	بازی‌های المپیک
établir un record	rekord gozāštan	رکورد گذاشتن
finale (f)	fināl	فینال
champion (m)	qahremān	قهرمان
championnat (m)	mosābeqe-ye qahremāni	مسابقه قهرمانی

gagnant (m)	barande	برنده
victoire (f)	piruzi	پیروزی
gagner (vi)	piruz šodan	پیروز شدن
perdre (vi)	bāxtan	باختن
médaille (f)	medāl	مدال

première place (f)	rotbe-ye avval	رتبه اول
deuxième place (f)	rotbe-ye dovvom	رتبه دوم
troisième place (f)	rotbe-ye sevvom	رتبه سوم

stade (m)	varzešgāh	ورزشگاه
supporteur (m)	tarafdār	طرفدار
entraîneur (m)	morabbi	مربی
entraînement (m)	tamrin	تمرین

17. Les langues étrangères. L'orthographe

langue (f)	zabān	زبان
étudier (vt)	dars xāndan	درس خواندن
prononciation (f)	talaffoz	تلفظ
accent (m)	lahje	لهجه

| nom (m) | esm | اسم |
| adjectif (m) | sefat | صفت |

| verbe (m) | fe'l | فعل |
| adverbe (m) | qeyd | قید |

pronom (m)	zamir	ضمیر
interjection (f)	harf-e nedā	حرف ندا
préposition (f)	harf-e ezāfe	حرف اضافه

racine (f)	riše-ye kalame	ریشه کلمه
terminaison (f)	pasvand	پسوند
préfixe (m)	pišvand	پیشوند
syllabe (f)	hejā	هجا
suffixe (m)	pasvand	پسوند

accent (m) tonique	fešar-e hejā	فشار هجا
point (m)	noqte	نقطه
virgule (f)	virgul	ویرگول
deux-points (m)	donoqte	دونقطه
points (m pl) de suspension	čand noqte	چند نقطه

question (f)	soāl	سؤال
point (m) d'interrogation	alāmat-e soāl	علامت سؤال
point (m) d'exclamation	alāmat-e taajjob	علامت تعجب

entre guillemets	dar giyume	در گیومه
entre parenthèses	dar parāntez	در پرانتز
lettre (f)	harf	حرف
majuscule (f)	harf-e bozorg	حرف بزرگ

proposition (f)	jomle	جمله
groupe (m) de mots	ebārat	عبارت
expression (f)	bayān	بیان

sujet (m)	nahād	نهاد
prédicat (m)	gozāre	گزاره
ligne (f)	satr	سطر
paragraphe (m)	band	بند

synonyme (m)	moterādef	مترادف
antonyme (m)	motezād	متضاد
exception (f)	estesnā	استثنا
souligner (vt)	xatt kešidan	خط کشیدن

règles (f pl)	qavā'ed	قواعد
grammaire (f)	gerāmer	گرامر
vocabulaire (m)	vājegān	واژگان
phonétique (f)	āvā-šenāsi	آواشناسی
alphabet (m)	alefbā	الفبا

manuel (m)	ketāb-e darsi	کتاب درسی
dictionnaire (m)	farhang-e loqat	فرهنگ لغت
guide (m) de conversation	ketāb-e mokāleme	کتاب مکالمه
mot (m)	kalame	کلمه

| sens (m) | ma'ni | معنى |
| mémoire (f) | hāfeze | حافظه |

18. La Terre. La géographie

Terre (f)	zamin	زمین
globe (m) terrestre	kare-ye zamin	کرهٔ زمین
planète (f)	sayyāre	سیاره

géographie (f)	joqrāfiyā	جغرافیا
nature (f)	tabi'at	طبیعت
carte (f)	naqše	نقشه
atlas (m)	atlas	اطلس

au nord	dar šomāl	در شمال
au sud	dar jonub	در جنوب
à l'occident	dar qarb	در غرب
à l'orient	dar šarq	در شرق

mer (f)	daryā	دریا
océan (m)	oqyānus	اقیانوس
golfe (m)	xalij	خلیج
détroit (m)	tange	تنگه

continent (m)	qāre	قاره
île (f)	jazire	جزیره
presqu'île (f)	šeb-e jazire	شبه جزیره
archipel (m)	majma'-ol-jazāyer	مجمع‌الجزایر

port (m)	langargāh	لنگرگاه
récif (m) de corail	tappe-ye marjāni	تپه مرجانی
littoral (m)	sāhel	ساحل
côte (f)	sāhel	ساحل

| marée (f) haute | mod | مد |
| marée (f) basse | jazr | جزر |

latitude (f)	arz-e joqrāfiyāyi	عرض جغرافیایی
longitude (f)	tul-e joqrāfiyāyi	طول جغرافیایی
parallèle (f)	movāzi	موازی
équateur (m)	xatt-e ostavā	خط استوا

ciel (m)	āsemān	آسمان
horizon (m)	ofoq	افق
atmosphère (f)	jav	جو

montagne (f)	kuh	کوه
sommet (m)	qolle	قله
rocher (m)	saxre	صخره
colline (f)	tappe	تپه

volcan (m)	ātaš-fešān	آتشفشان
glacier (m)	yaxčāl	یخچال
chute (f) d'eau	ābšār	آبشار
plaine (f)	jolge	جلگه

rivière (f), fleuve (m)	rudxāne	رودخانه
source (f)	češme	چشمه
rive (f)	sāhel	ساحل
en aval	be samt-e pāin-e rudxāne	به سمت پائین رودخانه
en amont	be samt-e bālā-ye rudxāne	به سمت بالای رودخانه

lac (m)	daryāče	دریاچه
barrage (m)	sad	سد
canal (m)	kānāl	کانال
marais (m)	bātlāq	باتلاق
glace (f)	yax	یخ

19. Les pays du monde. Partie 1

Europe (f)	orupā	اروپا
Union (f) européenne	ettehādiye-ye orupā	اتحادیه اروپا
européen (m)	orupāyi	اروپایی
européen (adj)	orupāyi	اروپایی

Autriche (f)	otriš	اتریش
Grande-Bretagne (f)	beritāniyā-ye kabir	بریتانیای کبیر
Angleterre (f)	engelestān	انگلستان
Belgique (f)	belžik	بلژیک
Allemagne (f)	ālmān	آلمان

Pays-Bas (m)	holand	هلند
Hollande (f)	holand	هلند
Grèce (f)	yunān	یونان
Danemark (m)	dānmārk	دانمارک
Irlande (f)	irland	ایرلند

Islande (f)	island	ایسلند
Espagne (f)	espāniyā	اسپانیا
Italie (f)	itāliyā	ایتالیا
Chypre (m)	qebres	قبرس
Malte (f)	mālt	مالت

Norvège (f)	norvež	نروژ
Portugal (m)	porteqāl	پرتغال
Finlande (f)	fanlānd	فنلاند
France (f)	farānse	فرانسه
Suède (f)	sued	سوئد

Suisse (f)	suis	سوئیس
Écosse (f)	eskātland	اسکاتلند

Vatican (m)	vātikān	واتیکان
Liechtenstein (m)	lixteneštāyn	لیختن‌اشتاین
Luxembourg (m)	lokzāmborg	لوکزامبورگ

Monaco (m)	monāko	موناکو
Albanie (f)	ālbāni	آلبانی
Bulgarie (f)	bolqārestān	بلغارستان
Hongrie (f)	majārestān	مجارستان
Lettonie (f)	letuni	لتونی

Lituanie (f)	litvāni	لیتوانی
Pologne (f)	lahestān	لهستان
Roumanie (f)	romāni	رومانی
Serbie (f)	serbestān	صربستان
Slovaquie (f)	eslovāki	اسلواکی

Croatie (f)	korovāsi	کرواسی
République (f) Tchèque	jomhuri-ye ček	جمهوری چک
Estonie (f)	estoni	استونی
Bosnie (f)	bosni-yo herzogovin	بوسنی وهرزگوین
Macédoine (f)	jomhuri-ye maqduniye	جمهوری مقدونیه

Slovénie (f)	eslovoni	اسلوونی
Monténégro (m)	montenegro	مونته‌نگرو
Biélorussie (f)	belārus	بلاروس
Moldavie (f)	moldāvi	مولداوی
Russie (f)	rusiye	روسیه
Ukraine (f)	okrāyn	اوکراین

20. Les pays du monde. Partie 2

Asie (f)	āsiyā	آسیا
Vietnam (m)	viyetnām	ویتنام
Inde (f)	hendustān	هندوستان
Israël (m)	esrāil	اسرائیل
Chine (f)	čin	چین

Liban (m)	lobnān	لبنان
Mongolie (f)	moqolestān	مغولستان
Malaisie (f)	mālezi	مالزی
Pakistan (m)	pākestān	پاکستان
Arabie (f) Saoudite	arabestān-e so'udi	عربستان سعودی

Thaïlande (f)	tāyland	تایلند
Taïwan (m)	tāyvān	تایوان
Turquie (f)	torkiye	ترکیه
Japon (m)	žāpon	ژاپن
Afghanistan (m)	afqānestān	افغانستان
Bangladesh (m)	bangelādeš	بنگلادش
Indonésie (f)	andonezi	اندونزی

Jordanie (f)	ordon	اردن
Iraq (m)	arāq	عراق
Iran (m)	irān	ایران

Cambodge (m)	kāmboj	کامبوج
Koweït (m)	koveyt	کویت
Laos (m)	lāus	لائوس
Myanmar (m)	miyānmār	میانمار
Népal (m)	nepāl	نپال

Fédération (f) des Émirats Arabes Unis	emārāt-e mottahede-ye arabi	امارات متحده عربی
Syrie (f)	suriye	سوریه
Palestine (f)	felestin	فلسطین
Corée (f) du Sud	kare-ye jonubi	کرۀ جنوبی
Corée (f) du Nord	kare-ye šomāli	کرۀ شمالی

| Les États Unis | eyālāt-e mottahede-ye emrikā | ایالات متحدۀ امریکا |

Canada (m)	kānādā	کانادا
Mexique (m)	mekzik	مکزیک
Argentine (f)	āržāntin	آرژانتین
Brésil (m)	berezil	برزیل

Colombie (f)	kolombiyā	کلمبیا
Cuba (f)	kubā	کوبا
Chili (m)	šili	شیلی
Venezuela (f)	venezuelā	ونزوئلا
Équateur (m)	ekvādor	اکوادور

Bahamas (f pl)	bāhāmā	باهاما
Panamá (m)	pānāmā	پاناما
Égypte (f)	mesr	مصر
Maroc (m)	marākeš	مراکش
Tunisie (f)	tunes	تونس

Kenya (m)	keniyā	کنیا
Libye (f)	libi	لیبی
République (f) Sud-africaine	jomhuri-ye āfriqā-ye jonubi	جمهوری آفریقای جنوبی
Australie (f)	ostorāliyā	استرالیا
Nouvelle Zélande (f)	niyuzland	نیوزلند

21. Le temps. Les catastrophes naturelles

temps (m)	havā	هوا
météo (f)	piš bini havā	پیش بینی هوا
température (f)	damā	دما
thermomètre (m)	damāsanj	دماسنج
baromètre (m)	havāsanj	هواسنج

soleil (m)	āftāb	آفتاب
briller (soleil)	tābidan	تابیدن
ensoleillé (jour ~)	āftābi	آفتابی
se lever (vp)	tolu' kardan	طلوع کردن
se coucher (vp)	qorob kardan	غروب کردن
pluie (f)	bārān	باران
il pleut	bārān mibārad	باران می بارد
pluie (f) torrentielle	bārān šodid	باران شدید
nuée (f)	abr-e bārānzā	ابر باران زا
flaque (f)	čāle	چاله
se faire mouiller	xis šodan	خیس شدن
orage (m)	tufān	طوفان
éclair (m)	barq	برق
éclater (foudre)	barq zadan	برق زدن
tonnerre (m)	ra'd	رعد
le tonnerre gronde	ra'd mizanad	رعد می زند
grêle (f)	tagarg	تگرگ
il grêle	tagarg mibārad	تگرگ می بارد
chaleur (f) (canicule)	garmā	گرما
il fait très chaud	havā xeyli garm ast	هوا خیلی گرم است
il fait chaud	havā garm ast	هوا گرم است
il fait froid	sard ast	سرد است
brouillard (m)	meh	مه
brumeux (adj)	meh ālud	مه آلود
nuage (m)	abr	ابر
nuageux (adj)	abri	ابری
humidité (f)	rotubat	رطوبت
neige (f)	barf	برف
il neige	barf mibārad	برف می بارد
gel (m)	yaxbandān	یخبندان
au-dessous de zéro	zir-e sefr	زیر صفر
givre (m)	barf-e rize	برف ریزه
intempéries (f pl)	havā-ye bad	هوای بد
catastrophe (f)	balā-ye tabi'i	بلای طبیعی
inondation (f)	seyl	سیل
avalanche (f)	bahman	بهمن
tremblement (m) de terre	zamin-larze	زمین لرزه
secousse (f)	tekān	تکان
épicentre (m)	kānun-e zaminlarze	کانون زمین لرزه
éruption (f)	favarān	فوران
lave (f)	godāze	گدازه
tourbillon (m), tornade (f)	gerdbād	گردباد
ouragan (m)	tufān	طوفان
tsunami (m)	sonāmi	سونامی
cyclone (m)	gerdbād	گردباد

22. Les animaux. Partie 1

animal (m)	heyvān	حیوان
prédateur (m)	heyvān-e darande	حیوان درنده
tigre (m)	bebar	ببر
lion (m)	šir	شیر
loup (m)	gorg	گرگ
renard (m)	rubāh	روباه
jaguar (m)	jagvār	جگوار
lynx (m)	siyāh guš	سیاه گوش
coyote (m)	gorg-e sahrāyi	گرگ صحرایی
chacal (m)	šoqāl	شغال
hyène (f)	kaftār	کفتار
écureuil (m)	sanjāb	سنجاب
hérisson (m)	xārpošt	خارپشت
lapin (m)	xarguš	خرگوش
raton (m)	rākon	راکون
hamster (m)	muš-e bozorg	موش بزرگ
taupe (f)	muš-e kur	موش کور
souris (f)	muš	موش
rat (m)	muš-e sahrāyi	موش صحرایی
chauve-souris (f)	xoffāš	خفاش
castor (m)	sag-e ābi	سگ آبی
cheval (m)	asb	اسب
cerf (m)	āhu	آهو
chameau (m)	šotor	شتر
zèbre (m)	gurexar	گورخر
baleine (f)	nahang	نهنگ
phoque (m)	fak	فک
morse (m)	širmāhi	شیرماهی
dauphin (m)	delfin	دلفین
ours (m)	xers	خرس
singe (m)	meymun	میمون
éléphant (m)	fil	فیل
rhinocéros (m)	kargadan	کرگدن
girafe (f)	zarrāfe	زرافه
hippopotame (m)	asb-e ābi	اسب آبی
kangourou (m)	kāngoro	کانگورو
chat (m) (femelle)	gorbe	گربه
chien (m)	sag	سگ
vache (f)	gāv	گاو
taureau (m)	gāv-e nar	گاو نر

| brebis (f) | gusfand | گوسفند |
| chèvre (f) | boz-e mādde | بز ماده |

âne (m)	xar	خر
cochon (m)	xuk	خوک
poule (f)	morq	مرغ
coq (m)	xorus	خروس

canard (m)	ordak	اردک
oie (f)	qāz	غاز
dinde (f)	buqalamun-e māde	بوقلمون ماده
berger (m)	sag-e gele	سگ گله

23. Les animaux. Partie 2

oiseau (m)	parande	پرنده
pigeon (m)	kabutar	کبوتر
moineau (m)	gonješk	گنجشک
mésange (f)	morq-e zanburxār	مرغ زنبورخوار
pie (f)	zāqi	زاغی

aigle (m)	oqāb	عقاب
épervier (m)	qerqi	قرقی
faucon (m)	šāhin	شاهین

cygne (m)	qu	قو
grue (f)	dornā	درنا
cigogne (f)	lak lak	لک لک
perroquet (m)	tuti	طوطی
paon (m)	tāvus	طاووس
autruche (f)	šotormorq	شترمرغ

héron (m)	havāsil	حواصیل
rossignol (m)	bolbol	بلبل
hirondelle (f)	parastu	پرستو
pivert (m)	dārkub	دارکوب
coucou (m)	fāxte	فاخته
chouette (f)	joqd	جغد

pingouin (m)	pangoan	پنگوئن
thon (m)	tan māhi	تن ماهی
truite (f)	māhi-ye qezelālā	ماهی قزل آلا
anguille (f)	mārmāhi	مارماهی

requin (m)	kuse-ye māhi	کوسه ماهی
crabe (m)	xarčang	خرچنگ
méduse (f)	arus-e daryāyi	عروس دریایی
pieuvre (f), poulpe (m)	hašt pā	هشت پا
étoile (f) de mer	setāre-ye daryāyi	ستاره دریایی
oursin (m)	xārpošt-e daryāyi	خارپشت دریایی

| hippocampe (m) | asb-e daryāyi | اسب دریایی |
| crevette (f) | meygu | میگو |

serpent (m)	mār	مار
vipère (f)	af'i	افعی
lézard (m)	susmār	سوسمار
iguane (m)	susmār-e deraxti	سوسمار درختی
caméléon (m)	āftāb-parast	آفتاب پرست
scorpion (m)	aqrab	عقرب

tortue (f)	lāk pošt	لاک پشت
grenouille (f)	qurbāqe	قورباغه
crocodile (m)	temsāh	تمساح
insecte (m)	hašare	حشره
papillon (m)	parvāne	پروانه
fourmi (f)	murče	مورچه
mouche (f)	magas	مگس

moustique (m)	paše	پشه
scarabée (m)	susk	سوسک
abeille (f)	zanbur-e asal	زنبور عسل
araignée (f)	ankabut	عنکبوت
coccinelle (f)	kafšduzak	کفشدوزک

24. La flore. Les arbres

arbre (m)	deraxt	درخت
bouleau (m)	tus	توس
chêne (m)	balut	بلوط
tilleul (m)	zirfun	زیرفون
tremble (m)	senowbar-e larzān	صنوبر لرزان

érable (m)	afrā	افرا
épicéa (m)	senowbar	صنوبر
pin (m)	kāj	کاج
cèdre (m)	sedr	سدر

peuplier (m)	sepidār	سپیدار
sorbier (m)	zabān gonješk-e kuhi	زبان گنجشک کوهی
hêtre (m)	rāš	راش
orme (m)	nārvan-e qermez	نارون قرمز

frêne (m)	zabān-e gonješk	زبان گنجشک
marronnier (m)	šāh balut	شاه بلوط
palmier (m)	naxl	نخل
buisson (m)	bute	بوته

champignon (m)	qārč	قارچ
champignon (m) vénéneux	qārč-e sammi	قارچ سمی
cèpe (m)	qārč-e sefid	قارچ سفید

russule (f)	qārč-e tiqe-ye tord	قارچ تیغه ترد
amanite (f) tue-mouches	qārč-e magas	قارچ مگس
oronge (f) verte	kolāhak-e marg	کلاهک مرگ
fleur (f)	gol	گل
bouquet (m)	daste-ye gol	دسته گل
rose (f)	gol-e sorx	گل سرخ
tulipe (f)	lāle	لاله
oeillet (m)	mixak	میخک
marguerite (f)	bābune	بابونه
cactus (m)	kāktus	کاکتوس
muguet (m)	muge	موگه
perce-neige (f)	gol-e barfi	گل برفی
nénuphar (m)	nilufar-e abi	نیلوفر آبی
serre (f) tropicale	golxāne	گلخانه
gazon (m)	čaman	چمن
parterre (m) de fleurs	baqče-ye gol	باغچه گل
plante (f)	giyāh	گیاه
herbe (f)	alaf	علف
feuille (f)	barg	برگ
pétale (m)	golbarg	گلبرگ
tige (f)	sāqe	ساقه
pousse (f)	javāne	جوانه
céréales (f pl) (plantes)	qallāt	غلات
blé (m)	gandom	گندم
seigle (m)	čāvdār	چاودار
avoine (f)	jow-e sahrāyi	جو صحرایی
millet (m)	arzan	ارزن
orge (f)	jow	جو
maïs (m)	zorrat	ذرت
riz (m)	berenj	برنج

25. Les mots souvent utilisés

aide (f)	komak	کمک
arrêt (m) (pause)	tavaqqof	توقف
balance (f)	ta'ādol	تعادل
base (f)	pāye	پایه
catégorie (f)	tabaqe	طبقه
choix (m)	entexāb	انتخاب
coïncidence (f)	tatāboq	تطابق
comparaison (f)	qiyās	قیاس
début (m)	šoru'	شروع
degré (m) (~ de liberté)	daraje	درجه

développement (m)	pišraft	پیشرفت
différence (f)	farq	فرق
effet (m)	asar	اثر
effort (m)	kušeš	کوشش
élément (m)	onsor	عنصر
exemple (m)	mesāl	مثال
fait (m)	haqiqat	حقیقت
faute, erreur (f)	eštebāh	اشتباه
forme (f)	šekl	شکل
idéal (m)	ide āl	ایده آل
mode (m) (méthode)	tariq	طریق
moment (m)	lahze	لحظه
obstacle (m)	māne'	مانع
part (f)	joz	جزء
pause (f)	maks	مکث
position (f)	vaz'	وضع
problème (m)	moškel	مشکل
processus (m)	ravand	روند
progrès (m)	taraqqi	ترقی
propriété (f) (qualité)	xāsiyat	خاصیت
réaction (f)	vākoneš	واکنش
risque (m)	risk	ریسک
secret (m)	rāz	راز
série (f)	seri	سری
situation (f)	vaz'iyat	وضعیت
solution (f)	hal	حل
standard (adj)	estāndārd	استاندارد
style (m)	sabok	سبک
système (m)	sistem	سیستم
tableau (m) (grille)	jadval	جدول
tempo (m)	sor'at	سرعت
terme (m)	estelāh	اصطلاح
tour (m) (attends ton ~)	nowbat	نوبت
type (m) (~ de sport)	no'	نوع
urgent (adj)	fowri	فوری
utilité (f)	fāyede	فایده
vérité (f)	haqiqat	حقیقت
version (f)	moteqayyer	متغیر
zone (f)	mantaqe	منطقه

26. Les adjectifs. Partie 1

aigre (fruits ~s)	torš	ترش
amer (adj)	talx	تلخ

ancien (adj)	qadimi	قدیمی
artificiel (adj)	masnu'i	مصنوعی
aveugle (adj)	kur	کور

bas (voix ~se)	āheste	آهسته
beau (homme)	zibā	زیبا
bien affilé (adj)	tiz	تیز
bon (savoureux)	xoš mazze	خوش مزه
bronzé (adj)	boronze	برنزه

central (adj)	markazi	مرکزی
clandestin (adj)	maxfi	مخفی
compatible (adj)	sāzgār	سازگار
content (adj)	rāzi	راضی
continu (usage ~)	tulāni	طولانی

court (de taille)	kutāh	کوتاه
cru (non cuit)	xām	خام
dangereux (adj)	xatarnāk	خطرناک
d'enfant (adj)	kudakāne	کودکانه
dense (brouillard ~)	qaliz	غلیظ

dernier (final)	āxarin	آخرین
difficile (décision)	moškel	مشکل
d'occasion (adj)	dast-e dovvom	دست دوم
douce (l'eau ~)	širin	شیرین
droit (pas courbe)	rāst	راست

droit (situé à droite)	rāst	راست
dur (pas mou)	soft	سفت
étroit (passage, etc.)	bārik	باریک
excellent (adj)	āli	عالی
excessif (adj)	ziyād az had	زیاد از حد

extérieur (adj)	xāreji	خارجی
facile (adj)	āsān	آسان
fertile (le sol ~)	hāzer	حاصلخیز
fort (homme ~)	nirumand	نیرومند
fort (voix ~e)	boland	بلند

fragile (vaisselle, etc.)	šekanande	شکننده
gauche (adj)	čap	چپ
géant (adj)	bozorg	بزرگ
grand (dimension)	bozorg	بزرگ
gratuit (adj)	majjāni	مجانی

heureux (adj)	xošbaxt	خوشبخت
immobile (adj)	bi harekat	بی حرکت
important (adj)	mohem	مهم
intelligent (adj)	bāhuš	باهوش
intérieur (adj)	dāxeli	داخلی
légal (adj)	qānuni	قانونی

léger (pas lourd)	sabok	سبک
liquide (adj)	māye'	مايع
lisse (adj)	hamvār	هموار
long (~ chemin)	derāz	دراز

27. Les adjectifs. Partie 2

malade (adj)	bimār	بيمار
mat (couleur)	tār	تار
mauvais (adj)	bad	بد
mort (adj)	morde	مرده
mou (souple)	narm	نرم

mûr (fruit ~)	reside	رسيده
mystérieux (adj)	asrār āmiz	اسرارآرميز
natal (ville, pays)	bumi	بومی
négatif (adj)	manfi	منفی
neuf (adj)	jadid	جديد
normal (adj)	ma'muli	معمولی

obligatoire (adj)	ejbāri	اجبارى
opposé (adj)	moqābel	مقابل
ordinaire (adj)	ādi	عادى
original (peu commun)	orijināl	اوريژينال
ouvert (adj)	bāz	باز

parfait (adj)	āli	عالی
pas clair (adj)	nāmo'ayyan	نامعين
pas difficile (adj)	āsān	آسان
passé (le mois ~)	piš	پيش
pauvre (adj)	faqir	فقير

personnel (adj)	xosusi	خصوصی
petit (adj)	kučak	كوچک
peu profond (adj)	kam omq	كم عمق
plein (rempli)	por	پر
poli (adj)	moaddab	مؤدب
possible (adj)	ehtemāli	احتمالی

précis, exact (adj)	daqiq	دقيق
principal (adj)	asli	اصلی
principal (idée ~e)	asāsi	اساسی
probable (adj)	mohtamel	محتمل
propre (chemise ~)	pāk	پاک
public (adj)	omumi	عمومی

rapide (adj)	sari'	سريع
rare (adj)	nāder	نادر
risqué (adj)	xatarnāk	خطرناک
sale (pas propre)	kasif	كثيف

similaire (adj)	šabih	شبیه
solide (bâtiment, etc.)	mohkam	محکم
spacieux (adj)	vasi'	وسیع
spécial (adj)	maxsus	مخصوص
stupide (adj)	ahmaq	احمق
sucré (adj)	širin	شیرین
suivant (vol ~)	digar	دیگر
supplémentaire (adj)	ezāfi	اضافی
surgelé (produits ~s)	yax zade	یخ زده
triste (regard ~)	anduhgin	اندوهگین
vide (bouteille, etc.)	xāli	خالی
vieux (bâtiment, etc.)	qadimi	قدیمی

28. Les verbes les plus utilisés. Partie 1

accuser (vt)	mottaham kardan	متهم کردن
acheter (vt)	xarid kardan	خرید کردن
aider (vt)	komak kardan	کمک کردن
aimer (qn)	dust dāštan	دوست داشتن
aller (à pied)	raftan	رفتن
allumer (vt)	rowšan kardan	روشن کردن
annoncer (vt)	e'lām kardan	اعلام کردن
annuler (vt)	laqv kardan	لغو کردن
appartenir à ...	ta'alloq dāštan	تعلق داشتن
attendre (vt)	montazer budan	منتظر بودن
attraper (vt)	gereftan	گرفتن
autoriser (vt)	ejāze dādan	اجازه دادن
avoir (vt)	dāštan	داشتن
avoir confiance	etminān kardan	اطمینان کردن
avoir peur	tarsidan	ترسیدن
battre (frapper)	zadan	زدن
boire (vt)	nušidan	نوشیدن
cacher (vt)	penhān kardan	پنهان کردن
casser (briser)	šekastan	شکستن
cesser (vt)	bas kardan	بس کردن
changer (vt)	avaz kardan	عوض کردن
chanter (vi)	xāndan	خواندن
chasser (animaux)	šekār kardan	شکار کردن
choisir (vt)	entexāb kardan	انتخاب کردن
commencer (vt)	šoru' kardan	شروع کردن
comparer (vt)	moqāyse kardan	مقایسه کردن
comprendre (vt)	fahmidan	فهمیدن
compter (dénombrer)	šemordan	شمردن
compter sur ...	hesāb kardan	حساب کردن
confirmer (vt)	ta'yid kardan	تأیید کردن

connaître (qn)	šenāxtan	شناختن
construire (vt)	sāxtan	ساختن
copier (vt)	kopi kardan	کپی کردن
courir (vi)	davidan	دویدن

coûter (vt)	qeymat dāštan	قیمت داشتن
créer (vt)	ijād kardan	ایجاد کردن
creuser (vt)	kandan	کندن
crier (vi)	faryād zadan	فریاد زدن
croire (en Dieu)	e'teqād dāštan	اعتقاد داشتن
danser (vi, vt)	raqsidan	رقصیدن

décider (vt)	tasmim gereftan	تصمیم گرفتن
déjeuner (vi)	nāhār xordan	ناهار خوردن
demander (~ l'heure)	porsidan	پرسیدن
dépendre de ...	vābaste budan	وابسته بودن
déranger (vt)	mozāhem šodan	مزاحم شدن
dîner (vi)	šām xordan	شام خوردن

dire (vt)	goftan	گفتن
discuter (vt)	bahs kardan	بحث کردن
disparaître (vi)	nāpadid šodan	ناپدید شدن
divorcer (vi)	talāq gereftan	طلاق گرفتن
donner (vt)	dādan	دادن
douter (vt)	šok dāštan	شک داشتن

29. Les verbes les plus utilisés. Partie 2

écrire (vt)	neveštan	نوشتن
entendre (bruit, etc.)	šenidan	شنیدن
envoyer (vt)	ferestādan	فرستادن
espérer (vi)	omid dāštan	امید داشتن
essayer (de faire qch)	talāš kardan	تلاش کردن

éteindre (vt)	xāmuš kardan	خاموش کردن
être absent	qāyeb budan	غایب بودن
être d'accord	movāfeqat kardan	موافقت کردن
être fatigué	xaste šodan	خسته شدن
être pressé	ajale kardan	عجله کردن

étudier (vt)	dars xāndan	درس خواندن
excuser (vt)	baxšidan	بخشیدن
exiger (vt)	darxāst kardan	درخواست کردن
exister (vi)	vojud dāštan	وجود داشتن
expliquer (vt)	touzih dādan	توضیح دادن

faire (vt)	anjām dādan	انجام دادن
faire le ménage	jam-o jur kardan	جمع و جورکردن
faire tomber	andāxtan	انداختن
féliciter (vt)	tabrik goftan	تبریک گفتن

fermer (vt)	bastan	بستن
finir (vt)	be pāyān resāndan	به پایان رساندن
garder (conserver)	hefz kardan	حفظ کردن
haïr (vt)	motenaffer budan	متنفر بودن
insister (vi)	esrār kardan	اصرار کردن
insulter (vt)	towhin kardan	توهین کردن
interdire (vt)	mamnuʿ kardan	ممنوع کردن
inviter (vt)	daʿvat kardan	دعوت کردن
jouer (s'amuser)	bāzi kardan	بازی کردن
lire (vi, vt)	xāndan	خواندن
louer (prendre en location)	ejāre kardan	اجاره کردن
manger (vi, vt)	xordan	خوردن
manquer (l'école)	qāyeb budan	غایب بودن
mépriser (vt)	tahqir kardan	تحقیر کردن
montrer (vt)	nešān dādan	نشان دادن
mourir (vi)	mordan	مردن
nager (vi)	šenā kardan	شنا کردن
naître (vi)	motevalled šodan	متولد شدن
nier (vt)	enkār kardan	انکار کردن
obéir (vt)	etāʿat kardan	اطاعت کردن
oublier (vt)	farāmuš kardan	فراموش کردن
ouvrir (vt)	bāz kardan	باز کردن

30. Les verbes les plus utilisés. Partie 3

pardonner (vt)	baxšidan	بخشیدن
parler (vi, vt)	harf zadan	حرف زدن
parler avec ...	harf zadan bā	حرف زدن با
participer à ...	šerekat kardan	شرکت کردن
payer (régler)	pardāxtan	پرداختن
penser (vi, vt)	fekr kardan	فکر کردن
perdre (les clefs, etc.)	gom kardan	گم کردن
plaire (être apprécié)	dust dāštan	دوست داشتن
plaisanter (vi)	šuxi kardan	شوخی کردن
pleurer (vi)	gerye kardan	گریه کردن
plonger (vi)	širje raftan	شیرجه رفتن
pouvoir (v aux)	tavānestan	توانستن
pouvoir (v aux)	tavānestan	توانستن
prendre (vt)	bardāštan	برداشتن
prendre le petit déjeuner	sobhāne xordan	صبحانه خوردن
préparer (le dîner)	poxtan	پختن
prévoir (vt)	pišbini kardan	پیش بینی کردن
prier (~ Dieu)	doʿā kardan	دعا کردن
promettre (vt)	qowl dādan	قول دادن
proposer (vt)	pišnahād dādan	پیشنهاد دادن

prouver (vt)	esbāt kardan	اثبات کردن
raconter (une histoire)	hekāyat kardan	حکایت کردن
recevoir (vt)	gereftan	گرفتن
regarder (vt)	negāh kardan	نگاه کردن
remercier (vt)	tašakkor kardan	تشکر کردن
répéter (dire encore)	tekrār kardan	تکرار کردن
répondre (vi, vt)	javāb dādan	جواب دادن
réserver (une chambre)	rezerv kardan	رزرو کردن
rompre (relations)	qat' kardan	قطع کردن
s'asseoir (vp)	nešastan	نشستن
sauver (la vie à qn)	najāt dādan	نجات دادن
savoir (qch)	dānestan	دانستن
se battre (vp)	zad-o-xord kardan	زد و خورد کردن
se dépêcher	ajale kardan	عجله کردن
se plaindre (vp)	šekāyat kardan	شکایت کردن
se rencontrer (vp)	molāqāt kardan	ملاقات کردن
se tromper (vp)	eštebāh kardan	اشتباه کردن
sécher (vt)	xošk kardan	خشک کردن
s'excuser (vp)	ozr xāstan	عذر خواستن
signer (vt)	emzā kardan	امضا کردن
sourire (vi)	labxand zadan	لبخند زدن
supprimer (vt)	hazf kardan	حذف کردن
tirer (vi)	tirandāzi kardan	تیراندازی کردن
tomber (vi)	oftādan	افتادن
tourner (~ à gauche)	pičidan	پیچیدن
traduire (vt)	tarjome kardan	ترجمه کردن
travailler (vi)	kār kardan	کار کردن
tromper (vt)	farib dādan	فریب دادن
trouver (vt)	peydā kardan	پیدا کردن
tuer (vt)	koštan	کشتن
vendre (vt)	foruxtan	فروختن
venir (vi)	residan	رسیدن
vérifier (vt)	barresi kardan	بررسی کردن
voir (vt)	didan	دیدن
voler (avion, oiseau)	parvāz kardan	پرواز کردن
voler (qch à qn)	dozdidan	دزدیدن
vouloir (vt)	xāstan	خواستن